新金融评论

China Finance Review

2014 年第 2 期（总第 10 期）

上海新金融研究院
SHANGHAI FINANCE INSTITUTE

社会科学文献出版社
SOCIAL SCIENCES ACADEMIC PRESS (CHINA)

图书在版编目（CIP）数据

新金融评论. 2014 年. 第 2 期：总第 10 期/上海新金融研究院编.
—北京：社会科学文献出版社，2014.5
ISBN 978 - 7 - 5097 - 5884 - 7

Ⅰ. ①新… Ⅱ. ①上… Ⅲ. ①金融 - 文集 Ⅳ. ①F83 - 53

中国版本图书馆 CIP 数据核字（2014）第 067162 号

新金融评论 2014 年第 2 期（总第 10 期）

编　　者／上海新金融研究院

出 版 人／谢寿光
出 版 者／社会科学文献出版社
地　　址／北京市西城区北三环中路甲 29 号院 3 号楼华龙大厦
邮政编码／100029

责任部门／经济与管理出版中心（010）59367226　　责任编辑／陈凤玲　于　飞
电子信箱／caijingbu@ ssap. cn　　　　　　　　　　责任校对／李文明
项目统筹／恽　薇　　　　　　　　　　　　　　　　责任印制／岳　阳
经　　销／社会科学文献出版社市场营销中心（010）59367081　59367089
读者服务／读者服务中心（010）59367028

印　　装／北京季蜂印刷有限公司
开　　本／787mm×1092mm　1/16　　　　　　　　印　　张／12
版　　次／2014 年 5 月第 1 版　　　　　　　　　　字　　数／180 千字
印　　次／2014 年 5 月第 1 次印刷
书　　号／ISBN 978 - 7 - 5097 - 5884 - 7
定　　价／40.00 元

新金融评论

China Finance Review

顾问委员会主任： 陈 元

顾 问：（按姓氏拼音排序）

方星海 胡怀邦 蒋超良 姜 洋 林毅夫 凌 涛 秦 晓 沈联涛
屠光绍 万建华 王 江 吴敬琏 吴晓灵 谢 平 易 纲 余永定
周 伟 朱 民

编辑委员会主任： 钱颖一

编 委：（按姓氏拼音排序）

管 涛 黄海洲 李迅雷 连 平 廖 岷 马 骏 缪建民
魏加宁 阎庆民 袁 力 张 春 郑杨 钟 伟

主 编： 钱颖一
执行主编： 王海明
特邀编辑： 郭 凯
编 辑： 廉 薇 王 芳 熊 静 黄 涓 全淑琴 郭 峰

《新金融评论》是上海新金融研究院主办的经济金融类学术刊物,致力于发表权威、严谨、高标准的政策研究和基础研究成果,强调学术性和政策性的完美结合。中国金融四十人论坛为本刊提供学术支持。

"中国金融四十人论坛"(CF40)是中国领先的非官方、非营利性的独立智库,专注于经济金融领域的政策研究,由40位40岁上下的金融精锐组成。上海新金融研究院(SFI)是由中国金融四十人论坛举办的非营利性专业学术研究机构,与上海市黄浦区人民政府战略合作。

联系电话： 021-33023256
联系地址： 上海市北京东路280号7楼701室《新金融评论》编辑部
投稿邮箱： cfr@sfi.org.cn

目 录

对中国互联网金融发展与监管的思考*

◎ 廖 岷

摘要：近年来，中国互联网金融发展迅速，出现了不少形式和技术上的创新，填补了传统金融服务的空白点和薄弱环节，但这并不是针对金融本质的革命。本文通过对中国互联网金融发展特殊性的分析，指出应客观看待当前取得的发展成绩，并提出了完善金融监管的总体建议，即遵循线上线下一致的基本原则，建立审慎监管和行为监管两大支柱，构筑机构自身风险管理、市场纪律约束和监管机构防范系统性风险的三道防线。

关键词：互联网金融 大数据 竞争战略 金融监管

互联网金融在我国是一个刚刚起步的领域，无论是互联网公司从事金融业务，还是传统金融机构使用互联网平台解决金融服务问题，都出现了不少创新之举。来自互联网领域的极客思维和跨界思维正在加速推动我国金融领域产生深刻的变化。当今在谈论金融时，如果只谈金融而不谈互联网，或者谈互联网却看不到其对金融的影响，似乎有一种停留在"金融的石器时代或青铜时代"的感觉。互联网与金融既有"数据"上的共性，又有在"开放"与"审慎"特性上的天然差异，这使得这个主题格外具有吸引力、想象空间和争议性。

作者廖岷系上海银监局局长。

* 本文为作者个人观点，不代表所在单位意见。感谢郭陆健为本文所做的文字整理和材料收集工作。

一、金融与技术始终在共同进步

从全球金融深化的历史角度来看，金融和技术从来都是牵手而行、如影随形。金融，从它诞生的第一天开始就受到了技术的影响。13世纪末、14世纪中期，帆船技术的创新带来了地中海贸易的繁荣，催生了意大利银行业贸易融资的兴盛，这是最早的技术进步给金融带来的影响。英国的工业革命则直接催生了现代意义上的金融业的诞生和发展。在现代金融深化的整个过程中，从信贷开始到出现股票市场、债券市场，以及资产证券化和相应的金融衍生产品等，每个阶段的金融创新都伴随着技术进步的影子。这里举两个例子。

第一个例子，Black-Scholes 期权定价模型（简称"B-S模型"）的出现，为包括股票、债券、货币、商品在内的新兴衍生金融市场中金融工具的合理定价奠定了模型基础。但是，如果当时没有计算机技术的进步带来的计算能力的大幅提升，B-S模型的计算会有很大的问题，更无法在整个金融市场上迅速推广应用。正是有了金融模型加上计算机技术的进步，才使得我们对金融产品的风险计算能力有了巨大的提升，才有了期权期货、衍生产品、资产证券化、CDO、CDS等需要极其复杂计算过程的产品的出现。第二个例子，20世纪90年代末，路透推出 Reuters Dealing 2000 交易系统，它通过卫星通信实现了实时电子报价交易的可能，这对促成全球实现实时交易起到了非常大的作用，大大解决了全球金融市场的交易效率和信息不对称问题。而通过电话提供报价、撮合交易的货币外汇等的传统经纪商公司基本看到了行业的末路。

以上这两个例子实际代表了技术的进步对金融服务产生影响的两种途径：一是通过提升复杂金融建模及其计算能力，二是通过实现金融服务和交易的去中介化。这两种途径都能促进金融业提高效率和降低交易成本。因此，看待今天互联网技术的诞生及其对金融产生的深刻影响，同样印证了这样一种关系：金融与技术共同进步，技术又继续通过这两种途径影响金融。互联网和大数据等的出现和进步，使得金融业又一次有了从服务的渠道和效率、去中介化降低交易成本等方面完善和超越自我的重要技术基础。

二、当前中国互联网金融发展的情况

（一）发展的主要领域

互联网金融近年来发展迅速，对传统金融的多个业务领域都形成了挑战。具体来看，按业务性质区别，在负债业务方面主要以余额宝、理财通、活期宝等互联网理财产品为代表。成立仅9个月的余额宝目前用户数已突破8100万，规模超过5000亿元，其对接的天弘增利宝一跃成为全球第三大货币基金，用户数和规模远超国内任何其他基金。2014年春节期间借助"抢红包"为人所知的微信理财通，也在短短几个月的时间里，达到了800亿元的规模。

在资产业务方面，主要以电商小贷、P2P融资、众筹融资等互联网融资产品为代表。2013年上半年，阿里小贷公司依靠仅16亿元的注册资本累计发放小额贷款500亿元，以小贷公司从银行业金融机构融资不超过注册资本的50%简单计算，其平均贷款周期仅约9天，资金使用效率之高，贷款申请及还款手续之简便快捷已达极致。根据艾瑞咨询的统计，截至2012年，我国共有P2P贷款公司近300家，放贷规模达到228.6亿元，同比增长271.4%，2013年放贷规模达到680.3亿元。艾瑞预计，中国P2P贷款规模在未来两年内仍将以超过100%的增速增长，预计到2016年将达到3500亿元。

在中间业务方面，主要以第三方支付、移动支付等互联网支付渠道为代表，其他还包括一些金融信息服务和云计算服务企业。天猫"双十一"当天，支付宝交易达1.88亿笔，成交金额突破350亿元，超全国日均零售总额的一半；截至2013年底，支付宝实名用户已达3亿，全年完成支付125亿笔，支付金额3.5万亿元，其中通过手机移动支付27.8亿笔，金额达9000亿元。以此计算，支付宝已成为全球最大的移动支付公司，甚至超过了美国全年移动支付的交易额。

以上这些事实已经清楚地显示，互联网金融正在全方位进入传统银行业存、贷、汇等最基础的业务领域，而且其发展和扩张过程呈现出与传统商业银行旧有规律完全不同的模式。

（二）中国互联网金融的快速发展有其特殊性

中国互联网金融的飞速发展引起了很多关注和讨论。这究竟是金融深化过程中的一个崭新阶段、一种颠覆性革命，还是现有金融体系的一个有益补充、一种技术的运用？目前，在这个问题的看法上还有很大的争议。较激进的观点认为，它开创了直接融资和间接融资以外的第三种融资方式，敲响了传统金融的丧钟，会加速推动所有中介的金融脱媒，最终使得金融中介失去存在的价值（谢平，2012，2014）。也有观点认为，绝大多数互联网金融产品和商业模式所带来的主要是技术层面的改善或创新，它们降低了金融交易的成本，却无法有效解决信息不对称的问题，因此应该达不到"去中介化"的效果，也就不可能"颠覆"传统金融业（孙明春，2014）。

笔者认为，客观地来看，互联网金融在支付、信息处理和金融资源配置三个方面都有重要创新，不可否认这种创新的价值，但也不能过度渲染它的神奇，应当保持应有冷静，更多理性和更少冲动。正如 Michael Kaplan 和 Ellen Kaplan（2010）在《本能2》所言，"当我们享受着现代生活的快感时，每个人的心底却难免涌动不安的情绪：我们貌似控制了这个世界，但各种暴力事件却层出不穷……我们对金融市场上风光无限的人物顶礼膜拜，却没想到自己会被那些金融骗子灌得酩酊大醉"。面对今天的互联网金融，我们应该为它带来的变革而欢欣，但也要防止它成为太阳神的战车——没有驾驭能力的车手无法控制狂奔的战马。或者是伊卡洛斯（Icarus）蜡制翅膀，最后飞得太接近太阳而被融化。冷静地来看，互联网金融在我国特有的一种爆发式增长，可能并不是互联网金融发展的一般规律，而是在我国特殊金融服务现实情况下的一种演绎。

首先，由于我国利率市场化尚未最终实现，仍然存在较明显的金融压抑。近年来，虽然我国利率市场化步伐加快，银行间市场拆借利率和商业银行贷款利率已实现完全的市场化，但最重要的存款利率尚未放开，扣除通货膨胀后的实际利率时常出现负值，而银行理财产品又存在较高的起购金额和较为严格的风险评估、签约程序。对于大量普通小额存款人来说，互联网理财产品的出现，正好解决了上述问题，契合了这部分人群的投资需求。而反观已实现利率市场化的西方发达国家，银行存款、货币基金等的收益率对普通投资者而言差别并不大，互联网理财并不比线下的银行理财产品更具备特别的吸引力。

其次，消费者投资渠道有限，互联网理财填补了低风险投资领域的短板。虽然我国目前已经拥有信托、保险、股票、基金、期货等多种产品，投资渠道似乎并不缺乏，但这些大多是中高风险的投资品，对于大多数风险厌恶型的普通投资者来说，能带来持续稳定正收益的产品较少。因此，当互联网金融的理财业务作为新生事物，以高于活期存款10多倍的收益水平横空出世时，满足了许多保守型个人的投资需求。而西方国家投资者的投资渠道则较多，成熟的市场为各种投资需求提供了全方位的金融产品服务，成熟的机构投资人也代理了绝大多数个人的理财投资需求。另外，在一个市场化程度较高和有着高效定价的金融市场中，也不太可能在同质同类的金融产品和服务中出现收益率差别很大的情况，市场上的套利交易和对冲交易将很快让这个价格差异或超额赢利机会消失。

再次，我国传统金融业对小微企业的服务存在空白点和不足。因为受制于我国30年来的经济增长模式，银行按照成本收益测算，选择将资源配置到了"贷长、贷大、贷房、贷政府"，而没有把资源主要配置成为支持小微企业的贷款。同时，"坐商式"的银行网点服务模式及其信贷审批流程、人力资源配置等也决定其无法高效满足更多小微企业灵活多样的融资需求，各种网贷机构由此切入了这个领域。当然，小微企业信贷也是全球各国金融服务中普遍存在的一个问题，也是为什么西方国家互联网金融也较多集中在众筹融资、P2P融资领域的主要原因。

最后，互联网金融带来的交易成本下降对于低收入人群影响更大。当前，第三方支付之所以有如此快速的发展，很重要的原因之一就是银行在现有支付环节中的费用和操作流程让消费者感觉不便。而几元钱交易费用的减少对于小额交易的影响要远远大于对大额交易的影响，余额宝用户人均投资额仅约6000元的现实就是最好的证明。再比如，全球最常使用手机钱包的国家居然3/4都集中在传统金融服务相对落后、银行网点较少、人均收入较低、服务价格偏高的非洲，最成功的肯尼亚M-PESA公司在2012年底其用户数已达1500万人。正是由于技术的进步，移动互联网脱离了物理世界的束缚，令服务数千万人和服务数万人的成本基本相当，真正形成了规模经济，而这是传统金融业无法企及的。

通过上述分析我们可以看到，互联网金融到目前为止似乎并没有在现有的金融体系中产生革命性的进步，而只是在现有金融体系中发展较慢或空白的领域中找到了空间，是对这些领域的补充。互联网金融有不少形式和技术的创新，但并非是对金融本质上的革命。正如 Zvi Bodie，Robert Merton 和 David Cleeton（2013）在《金融学》中提出的："金融功能要比金融机构更加稳定。"随着时间、环境的变化，金融机构的形式和特征总会有很多不同，但所发挥的基本功能却是趋于稳定的。

三、客观看待中国互联网金融发展取得的成绩

（一）中国互联网金融是否全球领先还有待观察

一个有趣的现象是，互联网金融的飞速发展和对传统金融业的挑战似乎在中国表现得尤其明显，互联网金融一词也显得非常有中国特色。而事实上，我国现有的互联网金融形态在欧美国家或多或少都有影子，大多只是舶来品。

比如，美国 PayPal 公司早在1999年便推出了美国版的"余额宝"，将其在线支付功能与金融理财产品结合起来。回溯十几年的运营来看，决定其成败的关键都是收益。美版余额宝诞生次年的年收益达到5.56%，为其成立10余年的最高点。但2008年金融危机后，美联储实行超低利率政策导致

美国货币市场基金收益普降至接近于零，终于在2011年7月，PayPal宣布正式关闭这款产品。日本也出现过互联网金融理财产品，只不过时间不长就销声匿迹了。主要是因为日本长期的零利率政策也同时压低了货币市场基金利率，保守的日本民众更愿意将钱存在银行而不是冒风险投资基金。此外，英国、德国、法国互联网金融的发展也较早。但相对而言，西方发达国家互联网金融发展较快的领域主要还是集中在P2P融资、众筹融资和移动支付领域，而非互联网理财，且普遍来看，大都没有形成像中国目前这样火热的局面。

前文提到了中国互联网金融目前取得超常规发展的四个特殊原因，而这些因素并不会长期存在，比如利率的市场化很有可能在最近的1~2年内就会实现，金融压抑导致的不同市场利差很有可能在短期内快速收窄。商业银行本身也在迅速采用一些类似的互联网金融模式。因此，随着金融深化进程的推进，互联网金融是否还能保持目前的发展趋势还有待考验。

（二）复杂金融产品的销售目前尚无法完全依赖互联网渠道

无论是普通贷款，还是货币基金理财产品，目前互联网金融推出的都是相对来说标准化程度较高的金融产品。但金融行业中更多的是非标准化、需要有个性化设计的产品，比如企业现金管理、为对冲风险设计的衍生品、各类投行业务以及综合金融解决方案等，这些都需要金融专家的智力介入。再比如在大额信贷领域，由于风险特征的差异，即使用了定量分析方法，也还需要人工判断，而一位优秀的产品设计者或是一位优秀的风险管理人员往往需要十年以上的时间去培养。正因为银行的许多工作需要借助主观的经验判断，计算机技术只是辅助工具，并不能完全替代人脑，因此在可预见的未来，复杂金融产品的销售恐怕无法依赖互联网渠道，互联网金融的局限性是显而易见的。正如美国著名统计学家Nate Silver（2013）所言，"若要更加有效地利用新模型和大数据，我们首先应当对自身素质提出更高的要求"。互联网金融的进步，更需要互联网金融所有参与者遵循金融业的发展规律和风险管理的要求。

（三）互联网金融超常规的发展也得益于政策的默许

当前，除了第三方支付和小额贷款公司，其他形式的各类互联网金融服务并未获得任何的市场准入许可，所受的监管更是非常有限。相对传统金融业资本充足率、存贷比、流动性指标、拨备比率等严格的审慎性监管指标要求，互联网金融企业基本没有合规成本。此外，在客户风险适合度评估、产品信息披露等方面也没有相应的规范和要求。所以，有观点认为，互联网金融的快速发展在很大程度上得益于监管政策对于新兴事物的默许和容忍。

当然，商业银行与互联网金融企业之间的差别并不仅仅局限在技术层面，两类企业的组织架构、激励机制，甚至思维方式都是完全不同的，这是由企业内在DNA的差异所决定的。比如，对于客户信用的判断依据，传统商业银行看重的是借款企业资金实力和抵质押物价值，而互联网金融关注的则是借款企业的行为本身，通过分析企业历史行为来判断其违约概率。然而，究竟是这种政策上的差异还是企业自身DNA上的差异在互联网金融发展的过程中发挥了更多的作用，目前还缺乏实证的分析。同时，互联网金融的发展还刚刚起步，未来在从不受监管或受较少监管过渡到接受更多监管的过程中，行业自身如何调整与适应仍有很大的不确定性。

（四）互联网金融并不完全等同于普惠金融

虽然不少人常会同时提及互联网金融和普惠金融，甚至有些人有意无意混淆概念，但我们必须清楚地认识到，两者并不完全等同。普惠金融这个概念来源于英文的普惠金融体系"Inclusive Financial System"，是联合国系统率先在宣传2005小额信贷年时广泛运用的词汇，其基本含义是：能有效、全方位地为社会所有阶层和群体提供服务的金融体系（UN，2006）。互联网金融扩大了金融的覆盖面、提高了金融的可获得性，但这还只是针对部分特定人群，并不能指望由互联网金融的出现来完全解决普惠金融问题。

以电商小贷为例，它们依托精准分析其自身积累的海量客户商品交易数据和历史信用记录，摆脱了对外部评级机构、内部风险评级体系或市场可交易信用衍生品定价的依赖，建立起了一套独立且封闭的信用生态体系，使发放无抵押或无担保的小额纯信用贷款——这一传统银行业一直较难真正触及的业务领域——变得在经济效益和风险控制上均商业可行。这在一定程度上解决了众多无法在传统金融渠道获得贷款的小微企业和个人创业者的融资难问题，扩大了金融覆盖面。但对于处于该信用生态圈以外的企业来说，对相当多无法通过网络完成交易的服务业小微企业来说，仍继续无法得到其急需的金融服务，并未享受到互联网金融带来的便利。

因此，必须客观地认识到，互联网金融虽然有利于金融服务的进一步普及，但并不能完全等同于普惠金融。特别是对于老年人、受教育程度较低人群、通信基础设施欠发达地区的人们来说，传统金融机构、传统金融产品和金融服务对于大多数普通金融消费者来说仍是必不可少的。更大范围内普惠金融目标的实现，仍然需要传统金融业的作为。

四、互联网金融的发展突破了传统企业竞争战略的约束

根据美国哈佛大学著名战略管理学家Michael Porter（2005）提出的基本竞争战略，企业在决定发展战略时，必须在成本领先战略、差异化战略、集中化战略三种战略中选择一种，作为其主导战略。要么把成本控制到比竞争者更低的程度；要么在产品和服务中形成与众不同的特色，让顾客感觉到你比其他竞争者提供了更多的价值；要么致力于服务于某一特定的市场细分、某一特定的产品种类或某一特定的地理范围。传统理论认为这三种战略在架构上差异很大，成功地实施它们需要不同的资源和技能，由于企业文化混乱、组织安排缺失、激励机制冲突，夹在中间的企业往往难以取得成功。

但若从中国互联网金融的现状观察，传统的企业竞争战略理论似已受到挑战。以余额宝为例，从成本领先战略来看，由于销售活动通过互联网或手机由计算机系统自动完成，不存在传统商业银行物理网点租金和员工工资的巨大支出，自身所需承担的交易成本较低，特别是在目前客户数量已达8100万的基础上，单个客户分摊的系统成本极低。对于客户来说，因为可以7×24在线操作，省去了前往银行网点办理手续的时间和成本。因此，综合企业和

客户两方面因素看，相比传统银行，互联网理财产品在成本控制上有其明显优势。

从差异化战略来看，余额宝产品特点明显，只对接标准化程度较高、产品结构比较简单、风险水平较低的货币市场基金，消费者对此类产品熟悉程度较高，且基本的购买、赎回操作比较简单，因此无须过多的产品介绍和人工干预，最适合借助互联网销售。

从集中化战略来看，余额宝仅对现有支付宝客户开放，目标客户群既明确又熟悉。经过10多年的大数据积累，支付宝对其5亿用户（其中约3亿为实名认证用户）的个人信息、消费习惯、信用记录了如指掌，因此可以在流程设计中仅通过3~4步就完成基金的购买，也可以通过2~3步完成基金的赎回，而这不是一般企业短期内可以实现的。

通过以上分析可以发现，看似矛盾的三种不同竞争战略却由互联网金融实现了完美的融合。这种在短期内已实现的融合是否在长期仍能维持有效，还有待观察。但无论是传统金融业，还是其他互联网企业，要想在未来互联网技术与金融业务更紧密结合的大趋势下取得成功，必须在以上三个战略方向上都做到极致，而不仅仅是抓住其中的一点。值得注意的是，传统金融业的同质化竞争、缺乏独特市场竞争力以及网点、人员、系统的高成本投入等问题都是妨碍竞争力的因素。

五、资本市场的认可程度将影响互联网金融的竞争

在信息科技界，存在两种完全不同类型的企业。一类以诺基亚、摩托罗拉等为代表，长期专注于硬件设备的研发和制造，曾经占据很高的市场份额，也深受资本市场的欢迎。但随着近年来移动互联网的普及，用户的关注重点和消费领域逐渐向社交媒体、即时通信、网上购物等移动应用转移。这些企业虽然也曾试图跟上潮流，但并未真正从内管管理上做出实质性变革，最终还是无法适应新的商业环境，走向了衰落。另一类企业则以苹果、Facebook等为代表，它们更注重用户体验和增值服务，它们认为产品从卖出

的那一刻起才是生意真正开始的时候。这种崭新的互联网经营思维成为资本市场的新宠，创造了一个又一个融资和市值的传奇。分析背后的原因，我们可以发现，资本市场对于第一类企业的估值往往以硬件产品销售量为核心标准，而对第二类企业则以用户数量以及单个用户的 ARPU（Average Revenue Per User）值为标准，这是两套截然不同的估值方法。Facebook 正是按照每个用户 100 美元进行计算才有了千亿美元的市值。由此，我们或许可以得出一个观点：简单依赖产品销售为基础的估值模式正在消亡，而以用户价值为基础的估值或将是大势所趋。

同样地，对于从事金融业务的互联网企业和传统金融机构开拓互联网金融业务来说，资本市场对其的估值方法和认可程度也是截然不同的。前者更多地基于单位客户产生的价值和感受，后者更多地基于机构的资产、资本实力等。在互联网经济时代，前者的这种估值方式在资本市场上往往更容易成功。目前，资本市场对尚未上市的阿里巴巴估值就达近 1500 亿美元，而工商银行 A+H 的总市值也不过约 1.2 万亿元人民币。但是，简单的模仿或是运用一些互联网技术是远远不够的。传统商业银行增加互联网业务渠道或是推出一个类似的"宝"，资本市场只会认为其增加了一种服务方式或是增加了一项金融产品，并不会改变对其估值的框架，因此对其估值的影响也将极为有限。而资本市场的估值水平，事实上将决定企业未来的资本补充能力和潜在风险抵御能力，是企业形成和维持其长期市场竞争力的决定性因素。从表面上看，这是估值方法的不同，而从实质上来看，这其实是以用户为核心和以资本、产品为核心两种完全不同经营理念的差异。传统金融行业必须进行包括发展战略、组织架构、内控流程、激励机制、大数据应用等在内的深层次改革，才有可能跟上互联网经济发展的大趋势，真正让资本市场认可这种新的转变。

六、完善监管是促进互联网金融长期可持续发展的基石

互联网金融的本质，是传统企业利用互联网、云计算、大数据和移动支付等信息技术手段从事传统金融活动。互联网有着开放、包容、简便和

高效的特质，它能降低服务成本，使许多传统金融难以覆盖到的人群进入了服务的范畴。但是，互联网金融并没有改变金融功能的本质，甚至可能强化金融风险自身高传染性、高关联性、高杠杆性的特征。也正因为金融有很强的负外部性的风险溢出问题，所以才需要金融监管，并要发挥它应有的作用。

国内已有部分专家学者做了一些研究：与传统金融业相比，风险主体没有变，服务对象也没有变，相应的法律都是互联网金融应该遵守的（尚福林，2014）；提出了互联网监管的基本原则（张晓朴，2014）；建议以监管促发展，在一定负面清单、底线思维和监管红线下，鼓励互联网金融创新（谢平等，2014）；对互联网金融的监管应该秉承与传统金融监管一致的原则与框架，避免出现监管中的不公平或造成潜在的风险隐患（孙明春，2014）；互联网金融监管应遵循服务实体经济的本质要求、服从宏观调控和金融稳定总体要求、切实维护消费者的合法权益、维护公平竞争的市场秩序、充分发挥行业自律作用的五大原则（中国人民银行，2014）。

当前国际上对于互联网金融监管的研究和实践也大都处于起步探索阶段，并无太多成型的法律法规。在这方面，美国和英国相对走在前沿。2011年7月，美国国会下属的政府责任办公室（Government Accountability Office）专门就美国P2P借贷市场的发展和两种不同监管体系（维持现状或在单一联邦监管主体下强化对借贷双方的保护）的优缺点进行了评估，并且特别强调对消费者和投资人的保护要体现持续一致的原则。当然，无论选择哪种体系，随着整个行业的快速发展和演化，监管必将面临新的挑战（GAO，2011）。

2012年4月，美国正式颁布了JOBS法案（The Jumpstart Our Business Startups Act），其主要包含两大部分内容：一是为新兴成长型企业（Emerging Growth Companies，EGC）IPO过程减轻其公开披露负担；二是降低私人公司非公开融资的规则限制，并提出了新的众筹（Crowdfunding）方案（鲁公路等，2013）。这一法案目前正待美国证券交易委员会（SEC）颁布具体规则，以使该法案实现其核心目标，即通过适当放松管制，完善美国小型公司与资本市场的对接，鼓励和支持小型公司发展。

2014年3月，英国金融市场行为监管局（FCA，2014）公布了对众筹融资的最新监管规定，并将于2014年4月起正式施行。其中，针对贷款性质的融资业务，法规重点关注业务行为规则，包括要有清晰完整的信息披露和风险提示，必须告知投资者最终的借款人信息等。同时，该法规也提出了最低资本要求、客户资金保护规则和争端解决规则，并要求网络平台公司采取合理步骤，确保即使借款企业倒闭，原有的贷款也将继续得到管理和追索。针对证券类的网络融资业务，规定任何人最多只能投入10%以内的个人资产，除非他们接受过相关的投资教育，或者具有一定专业知识和投资经验等。

笔者认为，总体来看，对于互联网金融的监管，应该遵循线上线下一致的基本原则，平衡审慎监管和行为监管两大支柱，构筑机构自身风险管理、市场纪律约束和监管机构防范系统性风险的三道防线。

（一）遵循线上线下一致的基本原则

互联网金融如果实现了与传统金融类似的功能，就势必面临与传统金融类似的潜在风险，应该适用相同的监管原则和具体监管要求。否则，一方面容易造成监管套利，不利于市场公平竞争；另一方面也容易产生风险盲区，损害监管的有效性，不利于提前预判和防范潜在金融风险。对于这一点，世界各国和国内大部分学者的观点都较为一致。在实践中，前文提及的FCA监管新规第一次清晰地确立了对于众筹融资的监管制度和要求，并明确指出其目的在于确保线上投资者得到与线下直销或电话销售的投资者一样的保护。

（二）平衡审慎监管和行为监管两大支柱

由于其内在金融本质属性的一致性，所有针对传统金融业的审慎监管核心原则和要求均应在互联网金融相同领域的监管中适用，包括对股东资质和关键岗位高管任职资格的审查，对未来预期损失和非预期损失要有提前的拨备和资本的安排，对基本的信用风险、市场风险、操作风险、信息科技风险等要有相应的监管指标要求。此外，也要根据金融风险新特征调整监管方法，针对机构商业环境和经营管理模式的变化，及时调整风险识别、计量、管理的规则。

同时，由于互联网金融往往涉及更多的客户群体，其他企业对其商业模式的复制也相对更为便捷，因此必须特别强调行为监管。要更加注重对其商业模式的分析，对利益冲突和关联交易的防范，对基础资产的保护，纠纷争议解决以及风险处置的机制，消费者教育和保护等，要提前考虑和准备。特别是要将消费者教育和保护纳入互联网金融产品风险管理的全流程当中。监管者还应借助大数据技术，通过信息标准化，加强对行为的数据化管理。行为、文化等非量化信息，在大数据技术下经过标准化处理后，可以进行采集、分析和挖掘使用，将抽象、复杂的风险轮廓转变为直观的数字，以量化的手段和方法直观反映风险现状，更前瞻地预判银行经营模式、行为的经营文化的系统性影响。同时，利用大数据技术对行为和产品的全面监测和分析，运用自动决策、分析预测的技术手段进行交叉使用，对不当行为与系统风险之间的相关性会有更加清楚的判断，从而令审慎监管维护系统稳定的目标和行为监管维护市场公平原则的目标更好地达成一致。

（三）构筑机构自身风险管理、市场纪律约束和监管机构防范系统性风险的三道防线

要明确市场各方参与者的风险管理责任，互联网金融企业应建立与其自身业务复杂程度和关联性相匹配的风险管理制度和系统，并且这种风险管理能力应与其业务规模和系统性影响的增加同时进步。这方面，现有互联网企业的人才储备和制度设计上仍显薄弱，一些网上欺诈事件和资金被盗事件时有发生，因此在风险管理理念和具体风险管理技术上可向传统金融机构学习借鉴。

目前，互联网金融缺少必要的行业准入标准，市场参与主体资本实力和信用状况参差不齐，市场纪律约束严重缺乏。而在任何一个成熟的行业里，基本的行业规则和市场纪律是维护整个市场公平竞争必不可少的外部环境。

当前，亟须借助审计、法律、资信等中介机构力量，对各类市场主体的经营行为形成必要的监督，并成立有影响力的行业协会，通过制定公约加强自律，以规范行业发展。金融的发展需要信用，互联网金融的发展更需要信任与信用，金融信用的建立用了几百年，互联网金融信用的建立也同样需要假以时日：信用的建立，往往缓步而来；信用的消失，则可能一夜发生。这个规律适用于所有形式的金融活动。

由于互联网金融只是改变了金融业务的外在表现形式，并未改变金融的风险本质，甚至因为其涉及的客户数量更为庞大和复杂，如何防范可能引起的系统性影响和风险将是最大的难点。这是单家机构无法完全解决的问题，需要监管部门、相关政府部门从更高层面进行制度设计。在监管技术上，可借助大数据技术，建立适应互联网金融特点的监管方法和监测手段。可以尝试从以单一风险监测为主的监管指标体系转变为识别、缓释多元交织复杂风险的综合监管体系，利用大数据全量化的特性，为宏观监管找准微观依据，使监管从微观审慎层面推演到宏观审慎成为可能，提升系统性风险预测能力。

参考文献

刘明康，梁晓钟.银行与互联网金融——不一样的风控[J].财新新世纪，2014（3）.

鲁公路，李丰也，邱薇.美国新股发行制度改革：JOBS法案的主要内容[EB/OL].
2013-3-18，http://news.xinhuanet.com/fortune/2013-03/18/c_124467085.htm

尚福林.规范互联网金融有利于其健康发展[EB/OL].2014-3-7. http://www.people.
com.cn/n/2014/0307/c32306-24567769.html

孙明春.互联网金融的是与非[EB/OL].2014-3-24，http://finance.sina.com.cn/money/
fund/20140324/114418594284.shtml

谢平，邹传伟，刘海二.互联网金融模式研究[J].新金融评论，2012（1）.

谢平.互联网金融的基本理论要点[J].中国金融四十人论坛月报，2014（2）.

谢平，邹传伟.互联网金融监管的必要性和特殊性[EB/OL].2014-3-23，http://
opinion.caixin.com/2014-03-23/100655286.html

张晓朴.互联网金融监管十二原则[N].第一财经日报，2014-1-20.

中国人民银行.推动创新 规范服务——央行有关负责人回应当前互联网金融监管[EB/OL].
2014-3-24，http://www.pbc.gov.cn/publish/goutongjiaoliu/524/2014/20140324115913973173009/
20140324115913973173009_.html

迈克尔·卡普兰（Michael Kaplan），艾伦·卡普兰（Ellen Kaplan）.本能2：为什么我们
总跟自己过不去[M].北京：中信出版社，2010.

迈克尔·波特 （Michael Porter）.竞争战略[M].北京：华夏出版社，2005.

纳特·西尔弗 （Nate Silver）.信号与噪声[M].北京：中信出版社，2013.

兹维·博迪（Zvi Bodie），罗伯特·默顿（Robert Merton），戴维·克利顿（David
Cleeton）.金融学[M].北京：中国人民大学出版社，2013.

Financial Conduct Authority. The FCA's regulatory approach to crowdfunding over the
internet, and the promotion of non-readily realisable securities by other media [R].2014.

United Nations. Blue Book on Building Inclusive Financial Sectors [R].2006.

United States Government Accountability Office. Person-to-Person Lending: New
Regulatory Challenges Could Emerge as the Industry Grows [R].2011.

China's Internet Finance：Developments and Regulation

LIAO Min

（China Banking Regulatory Commission, Shanghai Office）

Abstract： In recent years, there have been many innovations in form and technology in China's internet finance. The rapid developments of internet finance have filled some gaps in traditional financial services, but this is not a fundamental revolution of finance. Based on the analysis of its particularity, this paper argues that we should look at the current achievements from a more objective view. Some recommendations are provided, including principle of same treatment for online and offline financial activities, set- up of both prudential supervision and conduct supervision pillars, and build- up of three defense lines of systemic risk, which are institutions' internal risk management, market discipline and regulatory supervision.

Keywords： Internet Finance, Big Data, Competitive Strategy, Financial Regulation

从"园丁式监管"走向"大数据监管"

——对互联网金融生态体系特征与监管模式创新的思考

◎ 小微金融服务集团研究院

摘要： 互联网和金融的融合已成趋势。在互联网金融中，尽管金融的功能属性和风险属性依旧存在，但一些有别于传统金融的现象已经呈现，诸如货币去纸化、金融平台数据化、金融服务分子化和碎片化，以及金融系统去中心化等，而这一切都可以归纳为互联网金融生态系统的蜕变性、多样性和进化性等特征。有鉴于此，目前以"产品逻辑+机构逻辑+分业监管"为核心的监管模式，迫切需要做出调整。我们认为，监管机构需要与行业组织、互联网金融企业、消费者及其他利益相关者一道，共同构建一个良性监管机制。我们建议监管机构采取"园丁式监管"模式，以"包容性"和"底线思维"来防范风险、以"自然选择"来促进效率提升、以"适时修剪"来规范行业运作，逐步过渡到"大数据监管"模式，即围绕数据的生成、传输和使用等环节，采取实时和互动方式，实现对互联网金融的有效监管。

关键词： 互联网金融 园丁式监管 大数据监管

互联网和金融的融合已成趋势。不论在互联网业内还是在传统金融业内，各类互联网金融业务近年来都获得迅猛成长。如何监管互联网金融，既把握好风险防范底线，又促进行业健康发展，已成各方所面对的重要课题和紧迫挑战。

互联网金融将"开放、平等、协作、分享"的互联网精神融入金融服务，通过大数据、云计算、移动互联等技术赋能金融产品，大幅降低交易成本和门槛，实践普惠金融。在"互联网金融"概念中，金融的功能属性、风险属性和契约精神没有改变，但相比传统金融已呈现出一些本质上的差异，诸如加速货币去纸化、促进金融服务碎片化、推动金融系统去中心化等。此外，就像生态系统一样，互联网金融具有蜕变性（突破固有形态或边界后产生新物种）、多样性（业务模式呈现出更为丰富的差异）、进化性（迭代演变速度大大加快）等特征。金融生态系统正从一个相对区隔的、静态的、模块化的工业时代，迈向一个融合的、动态的、分子化的数据时代。在转型初期，更多的崭新物种将会诞生，物种进化速度不断加快，生存和竞争的法则也将发生改变。

针对互联网金融的上述特征，监管模式也应做出调整。我们建议，目前以"产品逻辑＋机构逻辑＋分业监管"为核心的监管模式，如果以"园丁式监管"为宗旨，逐步向"大数据监管"模式过渡，就能够既有效地防范风险，又极大地鼓励创新，从而实现政府之手和市场力量的良性互动。

控制系统风险，保护消费者安全，是金融监管，也是互联网金融行业发展首先需要考虑的因素。前者的重要性毋庸置疑。而当下，对一个服务对象和范围大幅拓宽的行业而言，安全不仅是一种能力，更是一份责任。这个前提之下，需要鼓励、培育和呵护互联网金融的创新。也就是说，以"包容性"和"底线思维"来防范风险、以"自然选择"来促进效率提升、以"适时修剪"来规范行业运作。是谓"园丁式监管"。

随着互联网金融生态体系的演化，行业自我生长、自我纠错和自我完善的能力越来越强，大数据也将成为核心资产，并重构监管逻辑和监管机制。

也就是说，围绕数据的生成、传输和使用等环节，采取实时、互动方式，实现对金融大数据的监管。是谓"大数据监管"。

这一切的出发点，是金融消费者的利益和整个社会的福祉。正如2013年诺贝尔奖得主罗伯特·席勒(Robert J. Shiller)期望的那样，借助技术安排可以为公众利益重塑金融业，打破金融的精英权力结构，促进金融的民主化和普惠，实现财富分配的公平。

一、互联网金融生态体系的特征

互联网金融是互联网技术与金融相融合的产物，既具有传统金融基础的功能属性和风险属性，又与传统金融存在一定区别。

首先，互联网金融的发展加速货币去纸化。随着新型金融工具如银行卡、POS机等的出现，货币越来越以电子数据形态存在。互联网将人类社会快速地由工业时代引领进大数据时代。在大数据时代，用户自然地甚至是无意识地参与数据生产，所生产的数据也更多是双向互动的结果。数据将驱动人类的决策和行为，而后者将促成存量数据的沉淀、增值及增量数据的产生。大数据呈现出在线、实时和全貌的特征，不仅可以帮助掌握用户的财务和运营状况，更可以了解其背后的行为和动因。因此，数据将成为互联网金融的核心，信息流和资金流最终都表现为数据流。对金融体系运营状况的感知和监管，将体现为对金融大数据的把握。

其次，互联网金融将使金融服务更加"分子化"。大量的传统金融服务有较高的准入门槛，这后面是金融产品的高交易成本，以及信息流通成本高昂造成的信息不对称。以互联网货币基金为代表的互联网金融产品之所以能够迅速获得数以千万计的消费者认同，很大程度上是因为互联网渠道大幅降低交易费用，降低金融市场分割的程度，从而为小额资金设计出碎片化的金融产品。此外，金融产品和服务的个性化定制原本专属于少数大机构和精英，互联网金融则使得被视为"长尾"的普通大众也有机会享受。如同3D打印机，当每一个可控元素以"粉末"而不是"积木"存在时，为任何需求量身定制就成为可能。

最后，从中长期时间尺度看，互联网金融将推动金融体系的去中心化。传统金融机构通过物理网络聚合信息、资金和专业人才，来解决信息搜寻、风险分散和资金供求匹配问题。例如，证券交易所是典型的信息聚合平台，交易参与者越多，交易成本越低，最终形成少数几个规模巨大的证券交易所。而借助互联网的技术赋能，可以大幅降低信息聚合和扩散的成本，使得金融体系更多呈现出"多中心化"乃至"去中心化"的特征。

除了前面描述的本质区别，在形态和功能上，互联网金融这个生态体系也呈现出与传统金融不同的一些特征。

第一，蜕变性，即突破固有产品的形态或边界。在突变的时代，存在领先于定义、标准、规范。如果说金融是一个生态系统，互联网金融基因的植入，将促成许多新物种的出现——不仅在产品层面，而且在组织结构和文化层面。互联网金融催生的新物种也许一时不能用现有的金融语言体系加以定义，要以开放的心态去观察和对待。

图1　互联网金融产品和业务的分类（示例）

从产品和业务来看，互联网金融大致可以分为传统产品在线化、改进型金融产品和新商业模式这三个大类（见图1）。这种分类的依据主要在于与传统金融的差异程度，分类本身并不能说明孰优孰劣。

传统产品在线化最典型的是通过互联网销售已有的保险、基金、信用卡等传统产品，其产品本质和特征与线下金融产品分别不大，在近期的讨论中有时也被称为"金融互联网"。改进型金融产品是利用互联网技术和思路，对传统金融产品进行调整，或打通原来由不同金融产品承载的多个功能，结果通常是产品更灵活、门槛更低、使用更方便等。新商业模式则是一种全新的金融业务，在业务本质和属性上与传统金融产品存在很大差异，几乎很难找到传统金融下的参照物。

第二，多样性，即业务模式呈现出极为丰富的差异。以众筹为例，从回报模式来看，既有以被投资项目的股权、资产收益权作为回报，又有以被投资项目的产品作为回报；出资人与募资人的关系，既可以是入股，又可以是合伙、赞助，还可以是捐赠。从某种程度上讲，P2P平台也是众筹的一种，即基于借贷关系的众筹。如果用生态系统来类比，"众筹"好比"哺乳动物"，只代表一种繁殖方式，而每个细分物种都有极大差异。因此，过早地将某些互联网金融业务简单归类和定义，并制定该定义下的标准业务规则，往往难以适应实际情况。

第三，进化性，即产品迭代速度大大加快，面临的进化压力日益加大。进化压力来自于创新科技商业化的速度和这一过程中用户的选择。互联网迅速抹平信息不对称的特质，物种进化速度会更快。哪怕是已被归类的某些互联网金融业务，内涵也会被不断刷新。以支付技术为例，之前被认为典型的支付模式有POS机刷卡、网银PC端支付、手机银行等，但是出现了很多新的支付技术创新，如近场、二维码、声波支付，还有基于生物特征的支付。每种支付模式本身也在不断演变，例如生物特征从基于指纹发展到基于虹膜、静脉等。在不断演化中，新的支付模式有时又难以归类在之前的定义之下，比如线上和线下的界限正在被打破。原来以使用终端为依据来区分不同支付模式并分类加以监管的方法，在移动互联网"连接一切"的大趋势下面临理论上的挑战。

金融生态系统正从一个相对区隔的、静态的、模块化的工业时代，迅速迈向一个融合的、动态的、分子化的数据时代。在转型初期，更多的崭新物种将会诞生，物种进化速度不断加快，生存和竞争的法则也将发生改变。

二、互联网金融的风险特性

金融的核心功能之一是跨越时间和区域完成资源组合和配置。只要未来和区域差异带来不确定性或风险，金融业务就具有风险。传统金融领域所存在的操作风险、信用风险、投资风险、政策风险、市场风险、流动性风险等，互联网金融领域也同样存在。如何做好风险管理，是所有开展互联网金融业务的企业必须做好的基本功，来不得半点侥幸。

尽管与传统金融具有类似的风险属性，但互联网金融的风险特性又有所差异，这些特性也正是互联网金融风险管理需要防范的重点。

第一，操作风险。与传统金融相比，互联网金融更加依赖信息技术和系统开展金融业务，可能面对黑客攻击、账户资金被盗等风险，需要更加完善的防范机制和技术。

第二，信用风险。涉及借贷行为的互联网金融，也和传统金融一样有信用风险。与传统金融机构主要通过现场调查来评估借款人信用能力相比，互联网金融企业兼具劣势和优势。

一方面，互联网企业与客户的接触将更多地以非现场方式发生，及时掌握客户真实、完整的信息需要克服技术和体制等方面的困难。对于互联网上流动的海量信息如何去伪存真、防范欺诈风险也提出了更多挑战。

另一方面，许多互联网企业本身就在经营电子商务平台或第三方支付业务，能够及时掌握客户信息，通过数据挖掘和分析更好地识别客户风险，而传统金融机构往往依靠现场拜访才能了解客户信息，频率低、成本高。

第三，投资风险。投资风险主要体现为两个方面，即投资本身的风险和对投资风险的揭示。投资本身的风险是由投资标的所决定的，在这一点上和传统金融并没有什么不同，比如目前互联网货币基金与传统货币基金在投资标的方面没有太大差异，投资风险是差不多的，都属于低风险范畴。然而，互联网在信息传播和扩散方面的速度远远高于传统渠道，向消费者尤其是长尾消费者充分揭示投资风险、避免误导性陈述，就显得更加重要。

第四，政策风险。金融是受到严格监管的经济领域。传统金融模式运行多年，而互联网金融的发展和监管远未达到成熟和稳定的程度。互联网的边际成本非常低，互联网金融受政策影响的程度比传统金融大得多。任何一条哪怕看起来非常小的政策改变，都有可能改变整个互联网金融的竞争格局和行业生态。这就要求企业更加关注政策的变化，同时考验政策制定者的智慧和魄力。

特别地，系统性风险值得关注。有研究者认为，互联网金融的发展对于系统性风险的影响具有双重性。一方面，互联网金融通过引入和推广大数据分析，降低信息不对称，提高了风险管理的整体有效性；同时减少实体经济对传统金融体系的融资依赖，提高资源配置效率。另一方面，互联网金融企业可能通过一些渠道放大系统性金融风险，例如，互联网金融或许会增加金融风险交叉传染的可能性。

对于互联网金融的风险和安全的研究，正如行业本身，依然在初期探索阶段。然而我们确信，一家企业是否具有先进的风险理念，是否在人才和系统上给予足够甚至是具有前瞻性的投入，能否在用户心目中建立安全的感觉，将是这家企业核心竞争力的要素之一。

三、互联网金融监管新范式

（一）传统金融的监管逻辑

金融监管模式由金融服务模式所决定。在中国，传统金融服务模式基于机构逻辑和产品逻辑，形成了以"分业监管"为核心的监管体系。这种监管模式的特点主要体现在：

其一，按有形的产品分类。清晰严格的产品分类是传统金融监管模式的起点。经过多年发展，传统金融业务相对稳定，为清晰严格的产品分类提供了可能，并且形成了一套成熟的业务规则和监管模式。

其二，按特定的机构准入。金融业务向来是受到国家高度管制的行业，而管制的对象是以符合准入认证资格的机构为单位的。在这种制度下，只有符合资格的机构，才可能从业，而不符合资格的机构，不可能依法开展和开拓任何与金融相关的业务。

其三，分业监管。根据业务和机构细分门类，形成了分业监管的格局。各个监管部门针对这些机构和业务分别制定相应的监管规则，这与传统金融服务模式是相适应的。

但是，由于互联网金融呈现出蜕变性、多样性和进化性，如果仅聚焦于产品和机构本身，将越来越难以维持稳定、清晰、严格、实用的分类。即使暂时对某些互联网金融业务做出严格分类，也可能由于技术创新和业务模式创新，很快需要重新定义和分类。因此，"业务和机构分类+分业监管"为核心的传统金融监管模式，从长期看需要有所突破，迫切需要创新的监管思维和监管模式。

（二）关于从"园丁式监管"走向"大数据监管"的建议

互联网金融既需要监管，又需要培育，既要解决当前的问题，更要放眼未来的发展。我们建议监管机构采取从"园丁式监管"逐步向"大数据监管"过渡的路径，来取得"监管与培育""当前和未来"良性互动的平衡关系。

"园丁式监管"的理念，就是以"包容性"和"底线思维"来防范金融风险、以"自然选择"来促进效率提升、以"适时修剪"来规范行业运作，同时对核心变量采取量化监控。

其一，"包容性"是指考虑到互联网金融生态体系的前述特征，需要鼓励、培育和呵护互联网金融的创新；所谓"底线思维"，是指所有金融业务，当然也包括互联网金融业务都必须遵守基本规则，例如不得参与非法集资诈骗，履行反洗钱义务，向客户充分揭示风险，确保交易信息真实性、完整性和可追溯性等。监管机构不必在制定和修改规则上疲于奔命，而可以采取主动方式，事先预防金融风险的发生。企业也可以形成稳定的政策预期，在基本规则范围内展开创新，形成良性竞争格局。至于基本规则的制定，可以在理论基础上，结合业界实践，经过与各利益相关方充分沟通和讨论后出台，并根据其成效及时修订。根据"底线思维"逻辑，监管者可以通过对核心变量采取量化跟踪监控，及时发现和控制金融风险。这就好比园丁对花园里的花进行"体检"。事实上，随着互联网金融的进化，传统金融体系下的核心变量，如货币供应量、利率、准备金率、存贷比等，本身的内涵和影响也会发生变化，新的核心变量很有可能会产生。监管的理念、理论和技术手段也需要不断创新。

其二，"自然选择"是指在市场机制有效运营的前提下，充分发挥参与主体的自主性，开展自发创新和自由竞争，让市场来决定成功者和失败者。打个比方，与"农夫"采取"播什么种子、收获什么果实"的策略不同，好的"园丁"并不规定花园里只能种哪几种花、比例如何，而是允许百花齐放。这一点也是由互联网金融不断创新变化、难以事先规划的特征所决定的。谢平等人就提出，行政化手段与互联网精神相悖，它在一定程度上限制了互联网金融发挥其核心优势的能力，因此必须只是一个仅在初期使用的、临时性的措施。一旦某一形态的互联网金融行业开始成形，就应当立即退出，让权于行业自律组织。

其三，"适时修剪"是指针对不规范的企业和做法，适时、精准地出手，确保这个行业在健康轨道上发展，而不是高频或过度对互联网金融的日常事务和常态竞争进行干预。尤其需要强调的是，"修剪"重点应该放在系统性风险的预防上面。在系统性风险出现和蔓延，像传染性疾病一样影响整个生态体系之前，需要事先防范。

"大数据监管"的理念，则是指通过动态、实时、互动的方式，通过金融大数据对金融系统内的行为和其潜在风险进行系统性、规范性和前瞻性的监管。

尽管"大数据监管"是一个全新的课题，但我们相信，这个远期目标必须在"园丁式监管"的培育下，等整个行业满足两个必要条件，才可能实现。其一，是监管的分布化和动态化。以属地、业务、机构等为导向的监管将会逐渐弱化，监管将更多地针对数据及数据背后所代表的行为。其二，是监管的协同化。金融行为越来越深地嵌入人们的日常生活，金融和非金融机构的边界变得越来越模糊。这种变化将促使金融业监管者与非金融业监管者之间增加跨界协同。以数据为纽带,监管者之间的交互将越来越频繁,监管框架和规则也因时而变、随事而制。其三,大数据配之以有效的分析和呈现工具,不仅能让监管者迅速观察到已经和正在发生的事件,更能让其预测到即将发生的风险和这种风险发生的概率。这样,监管者可以动态地配置监管资源。

互联网技术正在把人类从工业时代带入数据时代。其本质和深远的影响,将不亚于将我们带出农耕时代的工业革命。在可见的将来,新的产品、商业模式和组织结构将不断涌现,原有的生存和竞争法会被修改。正如气候变化带来寒武纪生命大爆发后,每一个物种都需要时间在生态体系中找到自己的最终位置。看似简单的干预,可能给整个生态体系带来意想不到的连锁反应,甚至可能使生态体系朝着出乎意料的方向演化。作为整个生态系统的守望者,监管体系及其背后的理念也面临进化压力。

因此,在互联网金融生态体系中,监管者如果能更好地扮演"园丁"角色,平衡和协调行业组织、互联网金融企业、消费者及其他利益相关者之间的技术功能、社会角色和经济利益,从而逐步过渡到以"大数据"为特征的良性的互联网金融监管机制。

参考文献

高善文，姚学康，尤宏业.利率市场化与余额宝的兴起[R].安信证券报告，2014-3.

刘士余.秉承包容与创新的理念，正确处理互联网金融发展与监管的关系[J].清华金融评论，2014（2）.

罗伯特·勒.金融与好的社会[M].北京：中信出版社，2012-11.

谢平等.互联网金融：走向强健、可持续发展[J].博鳌观察，2014（4）.

曾鸣.互联网的本质-长江商学院主题演讲[Z].2013-11.

张晓朴.探索互联网金融新监管范式[Z].财新网，2014-3.

兹维·博迪，罗伯特·默顿，戴维·克利顿.金融学[M].北京：中国人民大学出版社，2010-1.

Towards a Big Data-Centered Regulatory Framework:

Discussion on the Characteristics of Internet Finance Ecosystem and Potential Impact on Regulation

(Researching Center, Small and Micro Financial Services Group)

Abstract: The entry by Internet companies into China's financial service industry has the potential to create an industry-wide transformation. In our view, although the changes have yet to alter the fundamental functional and risk characteristics of financial services, there have been some important trends forming. The application of Internet technologies have accelerated the digitization of currency, and lowered the minimum scale of financial products or services deliverable in a cost-effective manner. Most importantly, data increasingly become the central asset of the industry. These changes, in turn, will likely accelerate the democratization of financial services as well as the decentralization of financial system itself. The transformation of the industry will in turn exert evolutionary pressure upon the regulatory regime overseeing it.

We suggest regulatory bodies work closely with industry players, consumers, and other stakeholders to adapt to the looming changes, proactively defining a more robust regulatory framework of the future. We envision the framework will eventually transform into one that is real-time and interactive, similar to the financial Big Data flowing within, and one that focuses on the lifecycle of data, namely its generation, transmission, usage etc.

Keywords: Internet finance, Big Data, Financial Regulation

互联网金融时代的变革与坚守

◎ 李仁杰

摘要：本文剖析了互联网金融发展的潮流，指出了传统金融机构需要学习革新之处，阐述了互联网金融并没有改变金融的本质，因此，互联网金融需要以金融历史中有效的经验原则为指导。针对当前互联网金融给金融秩序与安全带来的挑战，本文给出了相关建议。

关键词：互联网金融 变革 坚守 挑战 建议

经过2013年的迅猛发展之后，发轫于传统金融边缘、带有浓厚江湖气息的互联网金融终于走进了庙堂，2014年的政府工作报告首次提出要"促进互联网金融健康发展，完善金融监管协调机制"。两会上，众多代表、委员也就互联网金融议题充分发表了意见，这些意见与伴随互联网金融发展而持续进行的学术研究、实务交流和公众讨论一起，对于更全面地认识互联网金融、更好地促进互联网金融的发展具有重要意义。

然而，不可否认，在互联网金融激起的浪潮中，对于速度与激情的追求成了主旋律，传承与理性仍有很多未尽之语。长远来看，这种情况并不利于互联网金融帮助人们建设一个真正的美丽新世界。本文延续公共讨论的精

作者李仁杰系兴业银行行长。

神，试图对互联网金融时代的变与不变、坚守与变革等方面的议题做些思考与阐述。

一、以互联网金融推动传统金融变革

（一）互联网金融影响和改变着传统金融格局

互联网金融尚未形成一个统一、精确的学术性定义，更多是指对互联网企业和传统金融机构利用计算机科技、网络科技、通信科技等现代文明成果从事金融服务所形成的新业态、新模式、新渠道、新功用的归纳总结，以及在此基础上对于未来状态的演绎和想象。模糊性和包容性是在当下语境中互联网金融给人的普遍印象，这既体现了语言和思想的局限，也说明了相关实践发展的快速与呈现形式的繁杂。

从实践看，作为世界上互联网技术的引领国，美国20世纪90年代即已出现互联网金融的全新业态。这一时期，包括电子交易金融公司（E-Trade Financial）、安全第一网络银行（Security First Network Bank）、因斯威普公司（Insweb Corporation）等开风气之先的网络证券经纪公司、网络银行和网络保险公司相继成立。由于这类企业能够节约租金和人力成本，并将之转化为优惠转移给客户，且在提供服务时具有便捷、快速等优点，因而吸引了大批客户，也间接推动了传统金融机构对于互联网等新科技的应用。随着科技的进一步发展，在世界范围内又出现了以Paypal货币市场基金为代表的网络理财，以Zopa、Prosper和Lending Club为代表的P2P网络贷款，以Kickstarter和Indiegogo为代表的网络众筹，以及以Bitcoin为代表的虚拟货币的发行和交易等诸多更具创新性或更不依附于传统金融机构的业务模式，同时也成为包括中国在内的其他国家开展互联网金融的学习对象，产生的影响大大超过了其平台和业务本身。

具体到中国来说，在目前的市场上，形成了以两大类主体为区划的互联网金融：互联网企业开展的金融业务和传统金融机构利用互联网技术开展的金融业务新形式。前者也可称为狭义的互联网金融，但是，只有从整体上审视包含后者在内的广义互联网金融，才可以全面认识科技进步对于现代金融服务业的影响程度，以及互联网金融未来的演变趋势。

当前，中国互联网企业开展的金融业务主要有以下几个大类：一是第三方支付，依托于电商平台和移动社交工具的发展，逐渐演变为网络支付的重要参与者和移动支付的引领者，并发展成为集合物流、信息流、资金流的大数据整合者，为其他多种互联网金融业务创造了基础条件；二是网络贷款、网络担保、网络保险和网络券商，典型的例子是阿里小贷、阿里担保、"三马"合作成立的众安保险和腾讯与国金证券合作打造的新型券商，它们将传统的线下金融客户或业务迁移到了线上，扩展了服务群体，创新了金融服务的流程；三是互联网理财业务，创造性地为第三方支付账户归集的资金、证券保证金等闲散资金提供了新的投资途径，成为当下重要的互联网理财业务类型；四是金融产品网络销售平台，通过将金融产品在互联网上集中展示和销售，节约了人力和物力成本，扩展了金融产品的销售渠道；五是P2P网络平台和众筹网络平台，出资人可以据此将资金有条件转移给平台上的融资人，从而实现借贷资金匹配真正意义上的脱媒。这些业务已经在支付结算、销售渠道、资金配置和投资等众多业务领域对银行、保险、券商等传统金融机构发起直接挑战，给传统金融格局带来越来越大的影响和改变。数据显示，2013年全国第三方支付机构的各类支付业务的总体交易金额达到17.9万亿元，规模接近央行小额批量支付系统2013年全年处理业务金额的20.32万亿元；2013年全国P2P网贷平台成交金额约在1500亿~1800亿元；截至2014年2月末，据称余额宝用户数量已经超过8100万，余额宝规模或已突破5000亿元。

互联网企业开展的金融业务之所以能够迅猛发展，从技术层面看，在于其开展主体本身即为新科技的引领者，同时也是金融业务模式和运营管理模式的创新者；从制度层面看，在于我国仍存在普遍的金融压抑，为互联网企业拓展客户和拓宽服务渠道预留了较大空间；从市场层面看，在于中国的利率市场化改革推进与货币政策调整转向所带来的阶段性流动性紧张和利率大幅上升，为余额宝类互联网理财产品的兴起创造了条件。

（二）互联网金融对传统金融的变革启示

在传统金融机构方面，尽管对于计算机技术、互联网技术的使用早就开始，且到目前基本上都实现了业务和管理的电子化、网络化，但是，从整体上看，传统金融机构仍然处于利用现代科技提升"内功"的阶段。对于开放网络平台的搭建、人群的交互、大数据的获取、支付体系的开拓等外延性和开放性领域，传统金融结构还没有形成系统、广泛可行的认识和实践，表现在传统金融机构的新型互联网金融具体业务模式上，主要是建立网上商城、搭建供应链金融系统、设立直销银行、推出类余额宝产品以及尝试P2P业务等，这些模式基本上仍属于对互联网企业开展的金融业务的仿效和防御。

以商业银行为主的传统金融企业在新金融业务形态上没有取得领先和主动，有现实的制度制约因素，突出表现为利率管制使银行不能为客户提供市场化的回报；也受落后的风险管理技术的制约，使其服务群体忽视了大量不能提供传统风险缓释工具的小微企业和低端个人客户。但是，事后回看，传统金融机构完全有能力使用新技术先行开展此类业务，因此，某种程度上也可将这一现象称为"资源诅咒"——拥有最好的资源反而使金融机构失去了对创新的敏感。从这个角度看，市场上引领风骚的互联网金融业务所体现的先进理念和方法，更值得传统金融机构认真学习，加快革新。

第一，学习互联网金融发展中体现出的企业家精神。熊彼特曾指出，企业家是能够实现生产要素重新组合的创新者，是创新的主体。互联网金融在我国的发展深刻体现了熊彼特所言的对市场均衡的"创造性破坏"。尽管传统金融机构正在经受互联网金融的冲击，但是，这一过程中互联网企业及其管理者对于新科技应用的重视、对于业务模式创新的热情、对于体制机制的及时调整，都应当成为金融机构及其管理者吸收的养料。

第二，学习"开放、平等、协作、共享"的互联网精神。"开放"包括参与主体的开放、时间和空间的开放以及思维的开放，"平等"体现为活动参与的民主性，"协作"指参与主体之间的交互性，"分享"意味着参与成果的普惠性。互联网精神本质上是对互联网时代人类生活方式的深刻洞察，互联网平台则是对互联网精神最全面的诠释。它鼓励人们以平等的身份进入，以开放的姿态接纳人们对平台业务的参与、问题的反馈、结果的评价乃至于平台自身的完善，并通过持续的迭代过程，使平台以较低的成本和更快的速度吸纳更多的用户、促成更多的交易、积累更多的内容、形成更多的数据，最终对用户形成更有黏性的双边市场，对平台的运营主体形成规模经济。以阿里巴巴和腾讯为例，它们分别以购物平台和社交平台为基础，聚集了庞大的客户和海量的数据，为开展支付、信贷、金融产品销售和咨询创造了基础条件。对于传统金融机构来说，也应该运用互联网精神和理念来调整优化自身的组织架构及商业模式。

第三，学习以客户为中心的服务理念。互联网金融首先体现出对长尾客户的重视，无论是阿里小贷、P2P业务的融资者，还是余额宝的用户，基本上都是不能为传统金融机构带来高性价比的边缘客户。但是，互联网企业深谙"团结就是力量"的要义，当这些群体以低成本的业务模式被加以服务时，他们不仅展现出了巨大的规模和力量，而且也给服务主体带来了丰厚的回报。互联网金融以价值吸引客户，无论是通过网络运营节约成本，还是通过运用不同监管规则的差异实现套利，互联网企业总能将之化为优惠使客户获得实实在在的好处。互联网金融对客户体验极度重视，在实践中，这体现为产品简单易懂、流程快捷方便、应用场景广泛、互动性强、富有人性化等特点，这已经成为激烈的互联网金融市场竞争中的一条服务准则，只有遵守它，传统金融机构才有可能立足于互联网金融。

现在，对于传统金融机构来说，在市场化改革深入进行和互联网企业蚕食金融领域的大背景下，积极变革，向互联网企业学习，充分利用现代科技成果开展互联网金融，已经是无须宣扬的"主义"，现在已经到了多研究"问题"的阶段。可以预见，金融机构未来将与互联网企业展开充分的竞争与合作，创建更多的开放平台、获取更加全面的数据、拓展更加庞大的客户群体、开展更低成本、更多样化和更友好的金融服务。也只有使在我国的经济金融领域中占据绝对主导地位的传统金融机构具备互联网基因，才能突破现在的互联网金融萌芽状态，真正迎接互联网金融时代的到来。

二、在变革中坚守金融本质与规则

（一）互联网金融不改变金融的本质

目前已经出现的互联网金融模式并没有对传统金融服务产生根本性的颠覆，或造成传统金融机构不可逾越的门槛：第三方支付背后依托的是银行支付体系；余额宝类互联网理财产品实质上是早已有之的证券投资基金；网络贷款、网络担保、网络保险、网络券商、网络金融产品销售平台是对现有金融服务群体和服务渠道的拓展；P2P和众筹是对资金供需进行匹配的一种新方式，但也可认为是线下资金中介业务的网络翻版；金融机构开展的新金融业务只是对原有业务的改进和延伸。未来，互联网金融的业务形态可能会呈现出更多类型，但是，金融的本质及与之相匹配的要件和原则却将长久稳定。

从根本上说，金融产生于人们掌握的能够以货币为衡量的资源与人们需求之间的不平衡这种普遍的困境，其基本功能是在另一种人类困境——信息不对称的约束下实现资金从盈余部门向赤字部门的转移。在人类历史的很长时期，人们只能在熟人社会通过简单的借贷实现这种功能。发展至现代社会，则形成了金融市场这套机制来保障资金在不同人群之间、不同时空之间有效率的融通。现在，可以认为金融市场机制在互联网金融发展过程中出现了新的形式，但金融的本质并未改变，这是因为：

第一，金融产生的根源长久存在。在市场经济条件下，人们都会在特定的环境下产生对额外资金的需求，同时，也都有对资金和资产通过出让使用权而实现保值增值的渴望。这形成了金融的供需基础。

第二，金融中介不会消失。信息不对称是金融中介产生的原因，而知识和劳动的分工使金融中介获得更强大的力量，它们通过专业化甄别信息和分散风险而保证了金融市场规模的扩大和运行的有效。在互联网金融时代，这种状况依然不会变化。大数据被寄望能够降低市场上的信息不对称，但同时，它又不可避免地具有低价值密度的特征，而且，在利益的驱动下，市场参与者完全有动力蓄意制造噪声和虚假信息，搜索、处理和获得真实、重要和有价值的信息仍有成本，而且成本会随着数据量的增长而递增。因此，资金配置依然会依赖于在信息处理方面具有专业能力和比较优势的个人和机构，只有这样，才能显著降低交易成本，增加交易双方和社会整体的福利。这种个人和机构便是未来大数据时代的金融中介。在某种意义上，这也显示了以信用中介和资金中介为主的传统金融机构向信息中介转变的必要性。不过，信息中介替代信用中介的边界在何处，仍将取决于大数据发展所带来的资金配置效率提高的程度和信息处理成本之间的对比。

第三，金融功能稳定。为实现资金的融通，金融市场以货币当局、商业银行、证券交易所、保险公司、监管机构等市场主体为依托，发展形成七种主要的具体功能：储蓄功能、投资功能、信贷功能、流动性功能、支付功能、风险处置功能与政策调节功能。这几种基本功能相互连通、支持和制约，已经成为稳定的市场结构。互联网金融可能会实现这些功能某些环节的整合，但不会使这些功能消失。

(二) 互联网金融应坚守的几个发展原则

互联网金融作为一种新的形态，仍逃不出金融的范畴，更不是对金融本质的颠覆。因此，互联网金融的运行和发展应当受到漫长的金融历史中形成的行之有效的基本经验法则、机制体系的制约，否则，不仅不利于互联网金融本身的继续发展，也可能会对整个金融体系造成伤害。

具体来说，对于以创新为标榜的互联网金融，下面这些原则可能具有特别的启示意义，或者，在某种程度上需要互联网金融在发展过程中去坚守。

第一，演变发展原则。新金融模式的出现总会对旧金融模式产生冲击，但历史证明，对原有金融秩序进行改良而非革命的金融创新，往往能与现实环境更好融合，减少反冲力。在这种情况下，金融创新的命运不会寄托于单个创新主体的存亡进退，而会通过融入来改变传统金融业务的基因，从而获得更大的价值和更长久的生命。从这条经验来看，我国互联金融需要与传统金融进行更多的融合。

第二，风险控制原则。金融体系具有高度的不稳定性、关联性和传染性，因而对于风险有天生的敏感和畏惧。与创新的收益相伴而来的，往往是隐藏在广大未知中的风险。由于金融产品常常带有"准公共物品"的性质，其可能引起的负外部性就更应受到重视和防范。次贷危机等金融危机也向世人展示了不顾风险的过度创新所引起的灾难性后果。作为新事物，互联网金融也需要向传统金融学习，将风险控制放在非常突出的位置。

第三，规则制衡原则。内部控制制度和外部监管规则会约束金融创新中的"动物精神"，使创新在理性、稳健、公平的环境下开展，同时也为市场参与者树立评判和比较的标准，促进优胜劣汰的竞争。规则的形成是新金融模式成熟的标志。互联网金融应将建立规则作为追求，摆脱无序开展所获得的短期利益诱惑，为长远发展创造条件。

(三) 加强对互联网金融的监管与规范

从现实情况看，互联网金融的"新"既在于它带给人们更好的金融生活，也体现于它在"野蛮生长"过程中带来的前所未有的风险和挑战，现在主要的互联网金融业务模式都隐藏着或暴露出了一定程度的风险。例如，在第三方支付领域，洗钱行为依然存在，且由于用户在向第三方支付账户充值后形成了支付公司在银行账户的资金池，这就为第三方支付公司挪用客户备付金的行为创造了可能，在第三方支付账户连接货币基金的余额宝类业务中，就存在以备付金资金池支持货币基金流动性的做法；在网络金融产品销售中，误导性宣传，对客户承诺产品无风险、高收益，甚至倒贴客户等行为比较普遍，扰乱了正常的市场竞争秩序；在类余额宝产品的投资运作端，由于通常货币基金赎回的资金到账需要1~2个工作日，而此类产品又承诺"t+0"赎回，因此对基金公司的流动性管理和承受能力提出了很高要求；在我国的P2P业务中，只作为沟通借贷双方的平台几乎不存在，大多数平台都异化参与所经办业务，如采用各种方式给客户提供担保，或直接建立资金池进行期限错配而获得利差，这带来很大的信用风险和流动性风险；互联网金融中的科技安全、客户隐私等问题也变得日益突出。

　　解决这些问题仅靠互联网金融自我坚守和自我约束远远不够，更要及时明确监管规则，发挥监管的引领作用。由于中国互联网金融异化和分化现象严重，表面上属于同一类型的业务主体，其运营模式和实质功能不仅可能与国际上同名称业务存在显著差别，各家开展主体也可能存在显著不同，这对中国现行的按主体进行的分业监管模式产生了严重挑战。因此，建议对互联网金融按功能进行监管，也就是按照"穿透原则"审视各种互联网金融业务的本质功能，并将原有的对应金融功能的监管措施，按照互联网金融自身的特点适当调整后，对之进行监管和规范。例如，对于第三方支付而言，它本质上发挥的是金融的支付结算功能，在这方面，已经有对银行支付结算比较完备的监管措施，对应地，反洗钱、备付金等方面的基本规则都必须要求第三方支付企业遵守；那些以支持互联网理财产品流动性为义务，并擅自动用客户备付金支持互联网理财产品流动性的第三方公司，以及与之相关的基金公司，本质上共同行使了储蓄机构的功能，因此，就应当按照对于储蓄机构的监管原则对它们进行管理；同样，那些建立资金池并以期限错配方式运作的P2P平台，本质上应被视为发挥了储蓄和信贷功能的银行机构，并应按照净资本、流动性、风险准备等方面的原则和精神对之进行监管。按照"穿透原则"进行监管，既能对互联网金融带来的风险进行有效控制，又促进了不同业务主体在金融市场上竞争的公平性。

参考文献

李博，董亮.互联网金融的模式与发展[J].中国金融，2013（10）.

孙伍琴.不同金融结构下的金融功能比较研究[D].复旦大学，2003-46-47.

维克托·迈尔-舍恩伯格，肯尼斯·库克耶.大数据时代——生活、工作与思维的大变革[M].杭州：浙江人民出版社，2013.

谢平，邹传伟，刘海二.互联网金融模式研究[J].新金融评论，2012（1）.

张芬，吴江.国外互联网金融的监管经验及对我国的启示[J].金融与经济，2013（11）.

赵国栋，易欢欢，糜万军，鄂维南.大数据时代的历史机遇——产业变革与数据科学[M].北京：清华大学出版社，2013.

Innovation and Persistence in Internet Finance Era

LI Renjie

（Industrial Bank Co., LTD）

Abstract: This article describes the overall development of China´s Internet Finance, clarifies the extent to which traditional finance enterprises should learn from internet finance, and states the fact that internet finance does not change the nature of finance and needs to be carried out based on the effective principles from the finance history. Aiming for solving the problems along with internet finance, this article also elaborates some suggestions from the dimensions of both regulatory and policy adjustment.

Keywords: Internet Finance, Innovation, Persistence, Challenges, Suggestion

我国互联网金融发展的判断和管理建议*

◎ 蔡洪波

摘要： 当前，我国互联网金融快速发展，在服务实体经济、解决小微企业融资、满足个性化金融服务需求以及推动普惠制金融发展等方面发挥了积极作用。本文从互联网金融发展的现状出发，探讨了互联网金融的本质属性和功能界定，从国际比较的视角对中国互联网金融发展的独特性进行了分析，对互联网金融的发展前景和路径、对金融改革的促进效应及监管必要性等进行了研判，从监管层面、自律层面、市场配套等方面对互联网金融的治理机制提出了可行性建议。

关键词： 互联网金融 监管 行业自律 治理机制

作者蔡洪波系中国支付清算协会常务副会长兼秘书长。

* 本文为作者个人观点，不代表所在单位意见。

一、互联网金融的本质属性和功能界定

对互联网金融，目前尚没有公认的定义和清晰的边界。互联网金融是互联网与金融的结合，是借助互联网技术和移动通信技术实现资金融通与支付，以及发挥信息中介功能的新兴金融模式。互联网金融一般从金融功能特性、业务定位和模式等来划分，判断依据有两个方面：一是在理念上是否比较彻底地运用互联网思想与互联网技术来开展金融业务；二是业务模式与流程是否构筑在互联网技术与生态体系基础上。如互联网金融业务渠道、认证、信息传递和处理等全程在线上运营，服务群体为不特定的网民。互联网金融业务是传统金融业务在线上的"映射"，开立账户等环节需要线下业务的支撑，服务的客户以银行线下客户向线上迁移为主。

互联网金融本质是金融，这一点在业内已达成共识。互联网金融没有从本质上颠覆传统金融功能和风险属性。但同时互联网金融不同于传统金融，并创造出新的价值。一是其利用互联网技术特性能显著降低金融交易成本。据测算，一笔移动支付业务的成本只占柜台业务的15%。二是有助于缓解信息不对称性。交易双方之间通过信息高效处理和传输以及大数据的运用，显著增强了金融交易的可能性范围和成功率，提高了金融市场配置资源的效率。三是提升普惠金融服务价值。利用网络效应和高效信息处理，服务的到达性显著增强，能够覆盖到很多传统金融不能覆盖的群体和领域。互联网金融是互联网向实体经济高度渗透以及与金融深化改革相互契合和交融的产物，具有互联网时代的特征，同时也是金融改革发展的重要领域。金融是国民经济的血脉和资源配置的重要杠杆，互联网与金融业的融合形成的创新空间、渗透深度及影响范围远远超越其他领域。

互联网与金融相互渗透融合具有挑战性，需要新理念引导。互联网强调开放、民主、共享、去中心化等，优势在于成长和创新，打破条条框框，专注用户体验和需求满足。金融业注重严谨、规范和风控，优势在于账户、完善的产业体系以及风控等。互联网企业发展依靠风险投资支持，采用先"烧

钱"占市场形成规模效益再赢利的模式，互联网企业的估值注重业务成长性和想象空间。金融企业强调资金安全，防范周期性和系统性风险，以资本和计提风险拨备来吸纳风险。互联网与金融行业之间是竞合关系，形成求同存异、自我适应、多面合作、交叉竞争的态势。

二、全球互联网金融发展的中国样本分析

在我国互联网金融发展如火如荼时，主要西方国家互联网金融发展却不温不火；在我国互联网金融喊着"颠覆"传统金融，主要西方国家互联网金融与传统金融之间风平浪静，这种强烈反差和对比，再加上我国互联网金融发展的特殊环境和路径使我们看到了在全球背景下我国互联网金融发展的独特性。

在全球范围内，无论从市场的广度、深度还是公众参与度以及创新活跃度，中国都处于互联网金融发展的前列，也是创新最前沿的地带。2013年，我国第三方支付业务规模在10万亿元左右。互联网理财产品呈爆发式增长态势，余额宝在半年多时间规模超过5000亿元。P2P网贷市场规模不断扩容，促成交易规模达到千亿级别。各类互联网金融创新业务和模式不断涌现，在小微融资、普惠金融等方面发挥了积极作用。

（一）从金融服务市场供给看，我国金融压抑和市场化不足使金融服务供给短缺，范围有限，为互联网金融留出发展空间

当前，我国主要银行都是上市公司，受制于股民回报率要求和收益成本曲线的约束，银行占据金融产业利润最丰厚的环节，其放贷思路和风险管理主要依靠担保、抵押等方式。接近企业总数80%的小微企业因为缺乏抵押品或担保方而出现融资难、融资贵的情况。个人投资理财渠道狭窄，符合大众的投资理财产品有效供应不足，获取金融服务的门槛较高。如银行理财的5万元投资底线和首次办理需要到柜台签约等限制，将众多消费者的理财需求挡在门外。互联网金融利用网络平台和较低的获客成本聚合大量客户，相关产品和服务更贴近普通民众，形成了对长尾客户的服务供给。西方发达国家

为数众多的金融主体为消费者提供多元化的金融服务和投资渠道，互联网金融在服务供给上的创新优势并不明显。

（二）从金融服务市场需求看，互联网金融长尾需求驱动的特点比较明显

由于我国社会保障体制不完善，医疗、教育、住房等预防性需求的存在形成了较高的储蓄水平，我国储蓄率超过50%，远高于世界平均水平，市场对投资理财存在广泛而多样性的需求。互联网金融通过与传统金融差异化的服务机制和普惠制特性，针对普通民众和网民提供了高效、便捷和低门槛的理财渠道。当前，互联网基金销售产品获得成功的重要原因就在于其良好的用户体验和两高一低（高收益、高流动性及低风险）的产品优势。对比美国、英国等发达国家，养老医疗教育等社会保障机制比较完善，形成高消费低储蓄的格局，储蓄率常年在2%的低位徘徊，即使在金融危机之后，最高也只达到5%，并且美国居民的资产通过机构投资进行保值增值服务，对互联网理财没有迫切的需要。

（三）从产业配置结构看，互联网行业与金融行业之间的效率差使互联网在金融领域取得主动权

当前，金融行业资金配置效率不高，服务范围、可得性以及融资结构等需要进一步提升。同时利率还没有充分市场化，互联网金融利用正规金融体系内外的资金定价差异获得发展的空间。我国互联网金融在运行效率、获客成本、服务范围和用户体验等方面体现出明显的竞争优势。而在美国等发达国家，经过多年的发展，其金融市场高度完善、充分成熟，致使其传统金融机构把互联网内生在传统金融业务中，因此这种格局限制了互联网金融的发展空间。

（四）从市场基础设施看，我国第三方支付业务是推动互联网金融发展的重要力量，构成我国互联网金融发展最具优势的一环

目前，我国获得支付业务许可证的第三方支付机构达到250家，业务规

模达到10万亿级，增长的速度非常快，业务覆盖范围和服务的群体更加广泛。我国第三方支付业务在全球支付市场独树一帜，在国外没有出现类似成规模和成集群的第三方支付市场。

第一，第三方支付便捷、高效及互联网属性等优势，与互联网金融特性相匹配。相比商业银行，第三方支付机构更灵活，成本低，对小微客户服务更具优势，与互联网金融发展特性更吻合，比如P2P平台的支付和资金托管业务，多是由第三方支付机构来提供。移动支付、网络支付等拓展了互联网金融的创新空间，推进金融产品的定制化、多样化及普惠化，促使互联网金融保持创新活力。

第二，第三方支付延伸了传统支付渠道。第三方支付机构通过自建支付账户或者关联绑定银行卡等手段将银行账户资金进行转账或者充值支付账户，实现资金转移，为互联网金融提供多元化的资金来源渠道。由于互联网金融业务并不需要实体的供应链支持，打通了支付渠道，在事实上形成了服务闭环。

第三，账户创新是互联网金融发展的根基。无论是第三方支付机构还是银行，正在逐步探索构建和完善个人电子账户体系。监管层也在适应创新发展的需要，研究强实名电子账户和弱实名电子账户的划分，根据可追溯性的强弱，分类确定业务范围。另外，很多互联网金融创新都是基于账户功能的创新，加载更多功能应用。如部分券商探索推出在投资炒股基本功能上叠加保证金余额可自动产生理财收益的功能，并能用于消费、缴费、还款综合账户，这需要第三方支付平台的合作。

（五）从制度和监管看，包容性监管为互联网金融发展提供了有利的制度和政策环境

我国监管部门营造了有利于互联网金融成长的监管环境。一是监管具有较强的包容性和弹性，在对待新生事物上，允许试错和观察，帮助互联网金融度过了原始积累与初创发展阶段。二是监管套利的存在。我国按照审慎原则对银行、证券等实行严格监管。对互联网金融的监管相对宽松，部分领域

还留有空白，客观上形成了监管套利。发达国家金融监管机制比较成熟，套利空间小，互联网企业进入金融业的动力不强。

三、我国互联网金融发展的几点判断

（一）互联网金融发展还有较长时期的黄金发展期，可能成为我国金融行业参与国际竞争，实现局部领先的战略选择

近年来，互联网对金融业的渗透和改造以支付为突破口，逐步向互联网理财、互联网借贷等领域扩张。从目前看，互联网金融在金融的支付端和负债端取得显著进展，在第三方线上零售支付领域已经取得明显优势，互联网理财方面随着余额宝等互联网基金销售的大举扩张，撬动了整个大众理财市场。P2P网贷和基本电商平台的供应链金融等信用端服务取得了初步进展。

互联网金融普惠服务的优势一直为决策层看重。从中国经济发展趋势看，前期扩张型的经济政策以及经济结构调整带来的经济增长压力明显增加。银行不良率有上升的迹象，房地产市场逐步回调，信托违约可能趋于增加，资金流动性对实体经济的"供血"能力下降，金融系统性风险增长，在这种情况下，银行等传统金融机构针对个人、中小企业、三农的服务能力可能"有心无力"。如果互联网金融能够在风险可控的前提下进行"补位"，不仅能够满足实体经济发展的资金需要，还能平滑经济转型和周期调整的波动，为金融体系稳定夯实基础。

尽管互联网金融将面临监管和风险约束，但在中国这个人口众多、机会众多、规模巨大的市场中，互联网金融的发展充满着创新空间和想象空间。一方面，互联网发展浪潮为互联网金融创新发展提供更广阔平台。如移动领域将是未来10年的发展热点，移动互联的发展为手机钱包、基于移动社交平台的投资理财等移动金融发展提供了契机。线上经济活动与金融服务形成生态闭环。与电子商务发展催生网络支付业务的逻辑一样，随着线上经济生活的发展，对线上金融服务的需求也会大幅增加，特别是资金借贷、信用、担保等服务的需求，线上金融服务与消费等生活实现一体化。互联网发展从消

费者转向企业的迹象逐步显现，企业应用层面的互联网金融扩展可能对传统金融形成新一轮冲击。

另一方面，金融服务市场改革发展的机会也是互联网金融的机会。随着金融改革的深入，金融市场更趋开放，如新型银行的市场准入逐步放宽、利率市场化以及人民币国际化等，为互联网金融全方位对接传统金融服务市场提供了更有利的环境，其竞争与创新优势会更突出。

我国互联网金融发展是我国金融参与国际竞争，实行"弯道超车"的重要战略选择。中国互联网金融有较强的国情特质，发展空间广阔，能够走出一条差异化的路径，创建新的模式。发达国家金融市场已经非常发达，如果沿着既定的金融发展的道路走，那么我国可能一直只是追赶者和跟随者。互联网金融的发展对我国金融发展来说是一次全新的机遇，我国互联网与金融创新性融合的探索已经走在全球前列，日益成为体现金融业活力和前沿发展的中国标签。大力发展互联网金融，可以充分利用创新带来的发展可能性，对全球金融市场发展形成示范效应并提升我国金融参与全球市场的竞争力，在部分领域发挥全球引领作用。

（二）互联网金融对金融改革的促进和"倒逼"效应逐步显现，并将进一步深入

互联网对实体经济渗透融合不断加深，并呈现多维度和多轮次的特征，对传统金融形成持续冲击。从中长期看，这对金融体系的完善与发展是一种促进和推动。互联网金融日益构成金融体系中具有生机活力的重要组成部分。

第一，渠道变革带来金融供给方式的变化。需求导向型的变革正在逐步影响整个金融产业。首先，促使金融生产模式的调整。从基金产品、财产险等标准化金融产品进行线上销售逐步递进到金融服务供给主动适应互联网的销售环境和机制。通过对支付便利性、购买门槛、风险容忍度和流动性及收益性匹配等产品元素进行优化重组，使金融产品更加标准化、简单化和多样化，适应互联网环境和技术特点，形成更好的客户体验。其次，促使金融运

营模式的转型。互联网金融将金融机构与消费者更好地、更加自由地联系，客户光顾网点的数量大幅减少，1989~2012年，英国40%的银行及其他金融机构的分支机构关闭。大而全的物理网点功能定位发生转变，更加贴近客户，注重个性化体验和私人银行等专业性服务，同时在实名验证等方面发挥作用，对线上金融业务形成信誉支撑。小而美的社区银行正是适应这种变化的组织创新。此外，推动金融服务价格结构变化。互联网平台开展金融服务先以优惠甚至免费的价格聚集客户，注重综合性收益，基础性业务的费率水平很低，对传统业务的价格体系形成了较大冲击。如线上支付的费率突破了线下收单7∶2∶1的分润机制，费率水平也远低于线下水平。线上证券交易佣金的价格体系受到冲击，国金证券"佣金宝"将证券交易佣金水平降到万分之二。

第二，体系外创新加速金融体制内变革。一方面，促使金融分业向混业发展。互联网金融横向交叉和纵向整合的力度明显增强。互联网竞争围绕客户、流量和终端3个核心开展。为了增强客户黏性，互联网金融企业必将推动单一业务向综合性金融业务发展，形成对客户的全业务覆盖。如互联网巨头可以轻易实现横跨银证保行业的综合化布局，形成互联网金融综合性集团。P2P网贷平台逐步介入支付、基金、保险、信托销售代理等业务，第三方支付也在介入小微融资和供应链金融业务等以求形成业务闭环和获得综合性经营优势。另一方面，有助于推动风险定价机制完善。互联网金融大数据对客户信用水平和还款能力进行评估，为小微企业提供信用贷款，突破了传统银行业放贷主要依靠抵押、担保等手段带来的局限性，丰富了信用风险定价的内涵与应用。此外，互联网金融发展为民营资本进入传统金融领域开辟了道路，具有示范效应，体制优势将为金融业注入新的活力。

第三，利益驱动推动利率市场化。尽管利率市场化的政策快速推进，但是真正实现利率市场化还有待时日，互联网基金销售业务的发展无疑加速了这一进程。我国此类产品占存款规模不到5%，而美国货币市场基金规模在鼎盛时期占存款规模的30%~40%。从银行相继推出类似产品的反应看，银行也在加速调整，对存款利率市场化的影响将进一步加深。另外，P2P网贷业务通过互联网高效的信息处理平台将民间借贷业务阳光化，贷款利率更趋透明化，更能真实反映我国资金的供求情况。

（三）互联网金融发展逐步进入监管时代

互联网与金融的创新融合，并没有使互联网和金融本身的风险消失，有些问题反而更具挑战性，如金融风险和互联网风险的叠加、创新的合规性、可持续性以及对创新产品的司法界定与政策解释有待进一步明确等。由于部分互联网金融领域还没有明确的法律和监管覆盖，这给互联网金融，特别是P2P网贷行业的发展带来法律和政策方面的风险。

第一，互联网金融竞争超出了理性，互联网金融风险显现。比如在金融产品网络销售中风险提示不够充分，部分产品采取补贴、担保等方式来放大收益等。互联网金融违约成本较低，容易诱发恶意骗贷、卷款跑路等风险。过去一年，中国有数十家P2P平台倒闭，发生多起平台负责人卷款跑路事件，极大地损害了投资者权益和行业信誉。一些风险在产品的初创期并不明显，但随着市场波动以及规模增大，会逐步放大，最典型的是余额宝类的互联网基金销售已经达到千亿级规模，期限错配风险、大规模赎回的流动性风险以及"大而不能倒"产生的道德风险已经引发关注。

第二，互联网金融的公众性，以及部分机构已经大到足以对金融稳定程度产生系统性影响，成为影响金融稳定的重要因素。随着互联网金融发展，业务规模、参与人数大幅增加，像余额宝一个产品的客户就超过8000万人，带有明显的公众性和利益广泛性。如互联网金融信息泄露事件时有发生，危及消费者资金安全和个人信息安全。考虑到互联网金融跨界及其与传统金融的紧密联系，风险的传染性和破坏性大大增强，更容易酿成系统性风险。另外，互联网金融发展时日尚短，对金融风险的规律和特点的掌握还不充分，没有经受过完整经济周期的考验，也没有整体纳入我国金融稳定管理框架，一旦出现危机，通过互联网形成的扩散效应，将会快速波及社会大众、金融机构，对金融体系安全、社会稳定产生冲击。

第三，对互联网金融的创新管理以及对政策的突破需要监管的跟进。大量互联网企业推出了一系列令人耳目一新的金融产品，对现有的监管规则持续产生冲击。首先，线上业务创新对线下规则的挑战日益增加。如线上个人电子账户对既有银行账户开立规则的挑战。其次，业务创新对安全规则构成挑战，特别是业务规模、范围及创新程度往往超前于风控能力和安全水平的对应提升。如在二维码支付安全性尚未达到金融支付标准和要求时，大规模的应用推广可能埋下风险隐患。在支付账户的安全级别和可追溯性达到反洗钱监管标准之前，不加限制地加载金融应用会导致风险的产生。创新对原有业务版图构成了挑战，在一些领域可能会突破业务专营限制和"防火墙"机制，如第三方支付机构从事跨行清算是否已经突破"二号令"的规定，对此我们需要进一步论证。此外，金融体系与其他行业相比有特殊性，出于金融稳定的考虑，互联网金融对传统金融体系的影响要在可控范围内，防止对金融稳定构成潜在风险。

（四）在可预见的将来，互联网金融发展成独立、完整产业及市场体系还有待观察

对互联网金融是否是一种过渡业态，各方有不同的观点。有观点认为，互联网金融本身就是个伪命题，并没有派生出新的金融功能。有观点认为，互联网金融发展来源于监管套利，充其量不过是传统金融在监管之外的一种生存形态。有观点认为，互联网金融不是"新金融"，而是金融销售和获取渠道的改善。也有观点认为，互联网金融具有去中介化的特点，可能是独立于银行和资本市场的第三种模式。

互联网金融是否有自我成长和形成独立体系的能力，最终是否能够发展成一个产业有待进一步观察。我们可以从多个角度去观察，一个是互联网金融能否形成相对明确、有业务边界的承载主体；另一个是互联网金融能否形成完整的产业链，与传统金融相区分，还是只是金融产业链条上的一个环节或部分。另外，互联网金融所依托的账户、征信等线上基础设施的完善程度，是否能够支撑互联网金融闭环服务等。

从总体上来看，互联网与金融以及互联网金融与传统金融层面的进一步

融合将是大势所趋。当互联网生态中的平台、大数据、移动互联、云计算等应用在金融领域成为像电力、宽带类似的基础设施时，互联网金融和传统金融的边界会日渐模糊，可能形成殊途同归、融合发展的格局。

四、进一步完善互联网金融治理

互联网金融处于快速发展变化中，很多问题需要进一步研究和梳理。一是要进一步明确互联网金融的概念和边界，确定其业务范围和利益相关方，提高监管的前瞻性和透明度；二是要进一步明确互联网金融风险容忍度和风险关键点，提高监管的针对性和有效性；三是进一步明确行业治理结构，在监管、自律和市场之间形成合理的权责关系。形成以监管为核心、自律为主线、市场为基础的三位一体的治理模式，更好地平衡创新支持与风险防范，促进互联网金融健康发展。

（一）推动和完善互联网金融监管

从我国互联网金融发展的特殊性和对互联网金融发展形势的判断看，互联网金融监管势在必行，但要留有余地，富有包容性，按照"负面清单"的原则，适度监管，重在规范引导，重点推进市场环境公平、机制完善及业务合规等。

一是要明确监管的框架和原则性。首先，要坚持功能性监管为主，按照"谁家的孩子谁抱走"的原则，分清监管职责。互联网金融延伸到哪个业务领域，就要受相应监管，同时要加强统筹协调，防止出现监管盲区。其次，坚持底线监管，特别是在非法集资、反洗钱以及消费者权益保护等方面要形成硬约束。要严厉打击借互联网金融名义进行违法犯罪活动。最后，在新的技术和环境下，要重新审视规则与风险之间的方法论和逻辑关系，在传统金融中的核心规则和普遍规律在互联网金融中也是适用的，但是否完全套用线下风控手段、方法来管理线上交易，我们需要研究，可能要针对互联网的特点进行适应性的改造和规则创新。如监管部门考虑放开部分理财产品的面签限制，这就是规则的适应性调整。

二是要把握好监管的范围和渐入性。互联网金融业务形态差异性较大，发展阶段各有不同，监管要因地制宜，分类管理。不能"一刀切"。要实行有限监管，管住核心，抓大放小，抓点放面，搞活市场。要强调监管的渐入性和弹性，循序适度介入，监管力度和强度要根据业务规模、风险状态及合规程度等因素动态调整，防止监管过度增加交易成本和抑制创新。

三是要把握监管的重点和针对性。首先，要坚持信息透明原则，这应该成为互联网金融监管的着力点。很多风险的发生和成本的增加都来源于信息的不透明。因此，对互联网金融创新业务，要对关键信息和利益相关信息实行强制性的信息披露，使消费者、投资者和监管部门更好地评估风险，强化市场约束。其次，要把加强投资者及消费者权益的保护作为互联网金融监管的基础和出发点。最后，守住不演化为系统性或者区域性金融风险的底线，着力加强具有对系统重要性和显著公众性业务的监管。

（二）积极实践行业自律

从经济学角度讲，自律可以更多地发挥市场主体的积极性，降低监管带来的交易成本和外部效应。行业发展的规范性和自律程度影响监管的态度和强度，也影响互联网金融的创新和治理的路径。在西方市场经济发展中，自律是在前面的，监管是在市场发展到一定阶段和程度时才进行的。市场如果自律做得好，监管强度和力度就会减弱，市场管理弹性就会比较大。如果自律管不好，出了很多的乱子，监管力度就会加强。

互联网金融具有创新驱动强、交叉业务多、市场化程度高以及带有自发性和草根性等特点，在互联网金融治理中，应更多地发挥行业自律的作用，给予自律组织运作空间和资源。一是要支持监管方式转变和相关资源下放，在监管中更多的引入自律组织的意见和建议，增加自律的元素，培育自律的习惯和影响力。二是政府依法购买服务，支持自律组织在数据监测分析、风险评估、业务检查以及消费者投诉处理等方面发挥积极作用。三是推动自律管理系统的建设。加强自律工作与市场业务的连接和服务支持，特别是在信息披露、资金托管以及征信等综合性管理平台建设方面先行先试。开展互联网金融自律重点要抓好以下几个方面工作。

一是着力加强创新支持与培育。建立创新产品报备和评估机制。对大机构的创新和突破性创新要建立产品报备机制，同时要求其风险自证，对创新产品的风险性、合规性及消费者权益等方面进行评估来向社会公众和监管部门证明创新产品的安全性。

二是着力加强与监管的承接。对创新快、活力强的互联网金融业务，监管的调整往往不能同步适应。自律相对灵活，在市场准入方面，可以在自律层面探索注册制，如对P2P网贷企业的资本金、高管资质、系统安全及风控措施等方面设定标准，通过自律和市场声誉机制来规范其发展。在业务规范方面，在监管达不到或者监管外部成本过高的领域，根据互联网金融业务特点形成不同的业务自律规则实现业务自治，可通过自律规则加以调整和规范，实现自我发展和完善。

三是着力加强市场主体之间的利益协调。竞合关系是在互联网金融发展中的传统金融机构和新兴机构之间的重要关系。自律组织要加强引导和规范，鼓励与加强共赢合作和良性竞争，自律组织要建立行业内的争议调解和内部协调机制，防止将行业内部争议外部化和复杂化，最终损害行业声誉与利益。

四是着力推动互联网金融安全技术标准的制订。互联网金融是技术和业务的结合，技术在保障安全中发挥基础性作用，特别是新兴支付工具和技术、账户功能创新以及很多互联网金融依赖的技术平台等纷纷涌现，良莠不齐，如何保证安全，提高效率就需要技术和安全标准。自律组织要在互联网金融安全标准的发起、孵化、推广等方面发挥主导性作用。

(三) 进一步完善市场配套机制

在互联网金融发展的过程中要允许探索、允许试错、允许大胆尝试，但要配套基础环境和设施，使互联网金融发展有一个有力支撑。

一是推动账户实名制。账户实名涉及资金安全和反洗钱要求，是互联网金融的安全基础。要推动账户的分类管理，银行账户要严格客户身份识别，对线上个人电子账户和支付账户要实现账户可追溯性，针对不同类型和性质的账户加载不同的业务应用。二是要规范用户信息等敏感数据的采集和使用，切实保护个人信息安全。三是建立和完善行业风险信息及黑名单共享机制，形成行业风险的联防联控。四是完善征信机制。推动互联网金融企业以合适的方式有序地接入全国性征信系统，鼓励其引入第三方征信服务力量，同时推动大数据的产业应用，促进信用定价机制的完善，提升互联网金融的发展水平。五是建立和完善资金托管机制。推动建立P2P网贷业务的资金托管平台，形成对资金安全的保障。六是完善事后救济与保护性监管体系，形成公平有效的市场退出机制，保护消费者与投资者的权益。

Observations and Suggestions on the Development of Internet-based Finance in China

CAI Hongbo

（Payment and Clearing Association of China）

Abstract： Internet- based finance is expanding rapidly in China, playing an active role in supporting real economy, addressing financing difficulties for small and micro enterprises, meeting the personalized demands for financial services, and promoting the development of financial inclusion. Based on the status quo of internet- based finance market, this paper discusses the nature and functionalities of internet- based finance, analyzes its specificity from international comparative perspective, studies the stimulating effect on financial reform, inquires into its prospects of evolution and the inevitability of regulation, and puts forward feasible suggestions on governance mechanism from supervision, self-regulation and market level.

Keywords： Internet-based Finance, Regulation, Self-regulation, Governance Mechanism

金融混业形势下的监管挑战

◎ 林采宜 薛尔凡

摘要：在利率市场化、金融自由化和金融创新的不断推进下，中国金融业已从严格分业向综合经营过渡，不同金融行业业务交叉与跨业融合逐步深化，既有分业（机构）监管体制已难以适应以跨市场、跨机构、跨产品为外部特征的金融混业格局。如何构建一个适应当前金融发展阶段的监管体制框架成为各方日益关注的问题。

关键词：金融混业经营 金融监管

一、金融混业发展的诱因

回顾历史，金融结构由分业转向混业主要取决于监管者和被监管者对自身预期成本—收益衡量的结果。两者的博弈形成的螺旋式发展轨迹不断推动金融效率提升，扩大生存基础或追求利润最大化是金融机构综合化经营的内在动力，金融创新是其规避或者突破现有监管的重要手段，而监管者在新金融格局演化的过程中，为防止监管成本的不断扩大和再平衡金融发展与稳定关系而进行监管调整——在原框架内纳入更广泛的监管内容或是放弃部分监管权力（见图1）。

作者林采宜系国泰君安证券首席经济学家;薛尔凡系上海交通大学密西根学院学生。

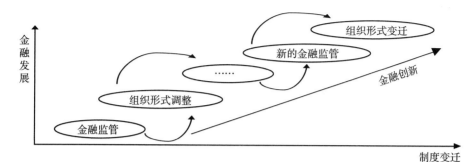

图1　金融监管与金融业组织形式之间的"螺旋发展"

资料来源：《现代金融体系下的中国金融业混业经营：路径、风险与监管体系》。

总结金融体系由分业向混业发展的诱因，可以基本归纳为以下三个方面。

（一）行业内部竞争的需要

应对行业竞争是分业监管下的金融机构不断尝试开展混业经营的内在动力之一，扩展生存基础成为其主要诉求。（1）追求范围经济效应：金融企业在分业监管的约束下只能生产单一产品，它的消费者也因此承担较高的交易成本，这些可能会导致客户流失及行业地位下降。混业经营带来的范围经济效应可能来自客户关系管理、产品销售网络、信息共享以及分散风险，最终起到巩固客户基础与提高自身经营效率的作用。（2）转移过剩产能：金融机构的部分生产要素具有通用性，但是分业经营限制了其生产潜力的发挥；当被监管者之间的竞争存在不公平性时，部分金融业态就会面临市场空间过于狭窄、占有市场资源有限、金融业地位边缘化的境地。从分业经营转向交叉金融领域，消化过剩产能、化解行业危机就成了弱势行业谋求生存与发展的现实选择，例如国内证券业近年越来越注重拓展跨界资产管理能力、支付与清算等原属于信托及银行的金融功能，即与行业内存在产能过剩转移的迫切愿望关联密切。

（二）监管套利

金融机构利用不同监管标准或规则的差异性，会倾向选择金融监管相对宽松的领域开展经营活动、以此获取超额收益。分业监管体制的不协调不统一尤其容易导致行业内部监管套利的发生，国内商业银行借助非银系统将表内信贷资产大规模转出表外就是一个比较典型的例子。而随着世界经济一体化和金融自由化速度的加快，一国（或金融监管独立的地区）即使在其管辖地实行统一的金融监管体制也已很难阻止全球套利活动的发生，WTO下的关税减免、IMF下的解除资本管制等都为监管套利形成了空间。

（三）监管竞争

监管竞争可能发生在同一国家／地区的不同分业监管部门之间。2012年，中国证监会在券商创新大会上下发了《关于推进证券公司改革开放、创新发展的思路与措施》，随后即以公开征求意见稿的形式推行多项放松管制政策，旨在恢复行业的赢利和创新能力。券商进入资管领域的限制放宽，并形成了与其他金融业的市场交叉。继证监会新政策出台之后，保监会、银监会在此之后也相应推出新规，资产管理业务成为目前金融行业分业监管、混业经营模式的鲜明代表（见图2）。监管竞争经常以管制放松的形式出现，促进了其监管领域业务范围扩张和经营效率提高，但也因此容易导致监管真空。

监管竞争也可能由国际市场竞争驱动，监管者降低监管标准或放宽金融业经营限制的改革动力，往往来自提升本国金融体系的全球竞争力。在过去的30年内，大型金融机构跨国界综合经营以及各国之间为吸引国际资本而进行的金融改革，引起了全球范围内的监管竞争。日本、英国在20世纪80年代先后对分业经营体制进行了大力改革，通过修改法案一举打破了长久以来分业经营的体制与传统，促进了商业银行与投资银行之间机构和业务的融合。金融经营混业化促进了国家金融效率的提高，并使这两个国家能够继续保持其国际金融中心的地位，这也是美国于1999年最终废止1933年的《格拉斯-斯蒂格尔法》，允许本国金融业依照新制定的《金融服务现代化法》，透过银行控股公司（FHC）从事包括证券和保险业务在内的全面金融服务的一个深层次原因，其背后诱因则是国际监管竞争。

证监会		保监会	银监会
(1)《期货公司资产管理业务试点办法》（征求意见稿）	(3)《证券公司资产管理业务试点办法》（征求意见稿）	《关于保险资产管理公司有关事项的通知》	首批11家商业银行获准参与"银行资产管理计划"与"债权直接融资工具"
(2)《基金管理公司特定客户资产管理业务试点办法》（征求意见稿）			

2012.6	2012.8	2012.10	2013.10
·期货公司: 期货资产管理业务放开		保险资管投资范围增加商业银行和保险公司可转换债券及混合资本债券, 可投资金融衍生品, 进一步放宽直接股权投资领域	
·基金公司: 专项资管计划投资领域拓展至非上市股权、债权和收益权等实体资产			
·证券公司: 定向资管计划允许由客户和证券公司自愿协商, 合同约定投资范围			

图2　国内分业监管创新引发的监管竞争

资料来源：国泰君安证券研究所。

二、我国金融混业格局及其演变

（一）我国目前金融混业动向与问题

我国分业经营与监管体制确立的背景与20世纪90年代初金融自然混业经营过程中金融经营秩序混乱、资金运用风险暴露过大等问题集中爆发存在密切的联系。1993年年底，国务院发布了《关于金融体制改革的决定》，确立了我国金融分业监管体制。在法律层面，先后颁布《中国人民银行法》、《商业银行法》、《保险法》和《证券法》，以立法的形式建立起各金融行业之间的制度"防火墙"；在监管部门改革方面，相继成立证监会（1992）、保监会（1998）和银监会（2003），实现了央行货币调控职能与金融监管职能相分离，进一步明确了各金融领域的监管职责与目标。"一行三会"的监管能力与专业水平在金融分业管理框架下得到了提高。

应当看到，分业监管的制度决策在实现了金融稳定功能的同时，也牺牲了相当的金融效率。在严格分业制约下，金融机构的盈利模式过于简单，通道业务占比大，难以满足国内居民与企业多元化的金融需求，另外还要应对金融服务业在对外开放形势下的激烈市场竞争（见图3）。这些因素驱使各金融业态不断提高分业体制下的混业经营能力。金融交叉目前主要表现在三个方面。

1. 业务交叉

我国金融业的业务交叉主要体现在以银行为主导，非银机构（证券、信托、基金、融资租赁等子行业）为中间层的金融业务合作层面上。以资产管理业务为视角，在近年金融脱媒加速的情况下，商业银行仍占据相当强势的地位——截至2013年9月，国内全部非银金融基金的总资产和总负债仅占银行业的29%①。因此银行在与非银金融的资产管理业务合作中有极强的议价能力，并同时掌握了资金与资产供给两端。这样的合作限制了非银机构主动进行资产管理的空间，而使其被迫沦为"通道供应商"。可以说，由商业银行信贷资产出表冲动一手扶持起来的影子银行并没有充分突破传统银行体系的禁锢，但银行在两者的构成中占据核心地位，导致了社会投融资体系的不断同质化（客户、资金来源与资产投向），在混业经营边际不断互渗的格局下或有风险外溢之虞（见图4）。

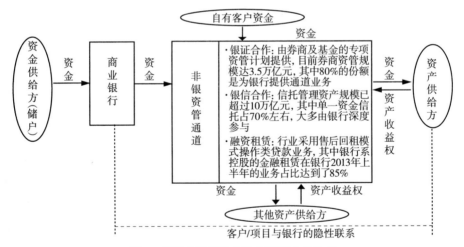

图3 银行主导下的金融业资管业务体系

资料来源：国泰君安证券研究所。

———————

① 中国银监会统计数据。

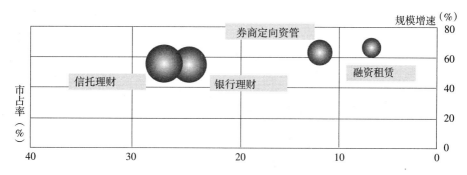

图4　通道业务诱发的中国影子银行体系呈等速增长趋势

资料来源：相关监管部门及行业协会数据；国泰君安证券研究所。

　　业务交叉不仅发生在交叉显著的资产管理业务上，也同时发生在投资与投行等领域，例如在资本市场方面，证监会已允许保险业进入股票市场进行直接投资，并由保监会制定并调整保险资金的入市比例；央行和银监会允许符合条件的券商与基金公司进入同业拆借市场进行短期资金融通，自律监管机构的银行间交易商协会向券商开放主承销通道；证监会允许商业银行发行QDII产品代客从事海外股票投资等（见图5）。中国金融业在迈入"分合并存"的阶段中，在政策上监管者既强调金融业发展的稳定性和加强风险控制，也开始分步骤放宽金融业跨界业务的限制，逐步释放金融经营活力，各业态业务犬牙交错的局面已经形成，而监管者的制度应对仍沿用微观审慎监管原则下的机构管理方式，分业监管与混业经营的矛盾成为央行与各监管部门不断尝试监管创新的推动力。

　　2. 产品交叉

　　目前国内分业金融向市场所提供的产品交叉主要借由分销或代客采购其他业态的金融产品。如果将国内目前金融机构与美国全面混业期的产品供给相比较（见表1），除分业状态下的最基本产品外（如传统银行业务中的存贷产品和支付产品），银行、证券、保险三大行业得到的金融产品分销牌照已经高度趋同，产品交叉程度与初期美国法定混业程度的差距已经不大。

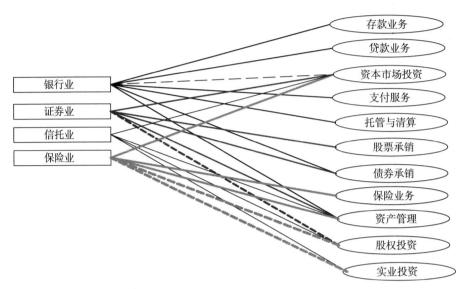

图5 主要金融业态业务交叉

注：实线表示"直接提供"；虚线表示"有限涉及"

资料来源：国泰君安证券研究所。

但在金融机构构建资产池的过程中，由于池内资产组合既有自营产品又包括外购产品，如果难以做到基础资产信息披露的透明化，产品发行机构就容易因产品违约而被迫为此背书。中国银监会2013年正式下发《关于规范商业银行理财业务投资运作有关问题的通知》，主要对商业银行直接或通过非银金融机构、资产交易平台等间接投资"非标准化债权资产"业务加强了监管，重申"坚持资金来源运用——对应原则""坚持限额管理原则"，对商业银行理财产品风险隔离以及投资非标准化债权资产余额进行了总量比例限制，防范理财市场规模迅速膨胀可能带来或有风险的隐患。

3. 行业交叉

国内大型集团在实施混业经营战略中已不满足于在业务及产品层面的自我突破，开始倾向于以股权纽带为基础进行行业交叉，多金融牌照的控股集团逐渐增多。集团通常由下属专业子公司持有专业金融牌照开展经营，各子公司在集团的协调下协同业务资源、营销网络和产品线，而分管部门主要通

表1　美国金融混业（1999）与国内金融业提供产品的比较

	储蓄	贷款		信托	保险	风险管理	支付	承销	
		商业	消费					股票	债券
存款公司（商业银行）	√	√	√	√	√	√	√	有限涉及	有限涉及
保险公司	√	√	√	√	√	√		有限涉及	有限涉及
证券公司	√	√	√	√		√	√	√	√
共同基金	√						√		
金融公司	√	√	√		√	√		有限涉及	有限涉及
注解：	浅灰表示中国目前不能提供							深灰表示国内可以提供，但性质可能与美国同业略存差异	
	√	勾选表示美国金融机构可以涉足的部分						空白表示中、美金融机构均不涉足的业务领域	

资料来源：Saunders（2000）；国泰君安证券研究所。

过子公司与集团公司间的人员独立性、资本金来源与负债运用、关联资金往来、同业竞争等方面进行法规性约束。在分业监管体系的掣肘下，集团层面的监管实际上存在缺位现象。

从模式上看，国内金融交叉的形式主要分为"金融行业内部交叉""全能银行""实业金融控股"模式。

金融行业内部交叉。2005年，中国人民银行、银监会、证监会发布《商业银行设立基金管理公司试点管理办法》可以视作中国结束1990年前自然混业后的第一次混业探索。工行、建行、交行获准成立了工银瑞信、建信和交银施罗德。至2013年，银监会经国务院批准进一步扩大试点范围，将城商行也纳入银行设立基金公司的范围，商业银行通过设立控股公司进入资本市场的通路基本打开。截至2013年中期，已运作的8家银行控股基金管理公司的基金资产规模近5000亿元，基金资产净值约占全行业的16%。

除资本市场外，银监会于2007年发布《非银行金融机构行政许可事项实施办法》。依照《商业银行法》第3条第14项规定"商业银行可以经营经国务院银行业监督管理机构批准的其他业务"，对该法混业经营的限制条款，即"商业银行在中华人民共和国境内不得从事信托投资和证券经营业务，不得向非自用不动产投资或者向非银行金融机构和企业投资"进行突破。同年银监会正式批准交银国信成立，为银行以出资人的身份控股或全资控制非银金融机构打开通道，并且通过设立子公司介入信托、融资租赁等金融市场，进一步深化了国内金融混业的层次。

不仅商业银行，其他金融业态混业经营的动力也逐步增强。2013年成为国内金融主要行业取得实质性突破的一年，比较典型的案例如方正证券斥资28.55亿元控股东亚信托，海通证券出资7.15亿美元收购大型独立融资租赁公司恒信金融集团100%股权，以及国寿安保基金管理公司成为首家利用险资发起设立并由保险公司控股的基金公司等（见表2）。

可以认为，在现有监管制度不发生变化的情况下，以设立或控股子公司获取金融牌照完善市场布局将是分业金融行业内部扩张与互渗的主要方式。

表2　国内金融行业内部交叉格局

子公司 ＼ 母公司	银行	证券	基金	信托	租赁 金融租赁	租赁 融资租赁	保险
银行				●			●
证券							
基金	●	●		●			●
信托	●	●					
租赁　金融租赁	●						
租赁　融资租赁		●		●			●
保险	●			●			

注：● 表示母公司通过监管机构正常审批，通过全资拥有或绝对控股子公司形式获得本业之外金融牌照的情形，在分业监管体系形成前由于历史原因产生的母子公司股权控制关系不纳入表格。

资料来源：国泰君安证券研究所。

全能银行。2002年，国务院批准中信集团、光大集团以及平安集团进行综合金融控股集团试点。通过一系列的业务重组和并购，3家金控集团形成了"集团管理、分业经营"的金融控股公司架构，持有银行、证券、期货、保险、基金、信托、租赁等全金融牌照，其经营广度与混业结构，与美国、日本等国的全能银行已不存在显著的差异（见图6）。

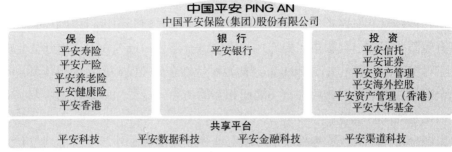

图6 平安集团全牌照业务与成员企业

资料来源：中国平安集团公司网站。

尽管3家综合金融集团在混业经营过程中取得了比较显著的成效，在国内金融业已具有较高影响力，但是它们仍是作为"特例"而存在的。监管机构并未因为试点取得的混业进展和经验而扩大名单，对金融控股集团的监管制度仍是空白（如《金融控股公司法》），对控股母公司和整个金融集团综合层面的监管主体缺位。

2003年中国银监会、中国证监会和中国保监会召开了第一次联席会议，确立了对金融控股公司的主监管制度，即对金融控股公司内相关机构、业务的监管按照业务性质实施分业监管，而对金融控股公司的集团公司可依据其主要业务性质归属相应的监管机构负责。虽然主监管制度在名义上明确了金融控股公司的监管部门，但该制度仅停留在信息收集与交流的层面上，监管协调能力较弱，实施效果不佳。

实业金融控股。由产业资本进入金融行业而形成的混业金融控股集团的典型特征是：控股公司本身是不具有金融牌照的实体集团，但其全资或控股银行及非银机构超过两个行业以上，这些附属子公司依照经营许可证独立对外经营并承担民事责任，但公司重大经营与战略决策则受制于集团董事会；在组织形式上，部分实业集团采取控股公司的形式管理属下金融企业，形成了金控架构；为提高管理与协同效率，更普遍的形式是在集团内部设立金融管理部门统一管理，尽管金融子公司的外在表现形式是独立的，但在集团层面多元金融与实业却是直接混业经营的。

　　实业金融控股模式对我国金融监管体系与监管方式提出了新的课题。分业监管体制仅能对这类实业金融控股集团的下属金融公司进行个别监管，如何有效防止实体与金融集团内部风险串联、金融创新过度以及风险社会化已经成为监管部门着重关注的问题，"防范系统性金融风险需要将金融体系视作一个整体，考虑不同行业和市场之间相互的传导，需要加强政策的协调，需要强化系统性的监测"①。

　　部分由传统实业资本构建的金融混业控股集团由于外部监管不到位和内部监管制度缺失而引发了局部金融风险，对此我们已有前车之鉴，比较典型的如新疆德隆。

案例：新疆德隆案回顾

　　"德隆系"是20世纪末发展起来的大型民营集团，在实业领域和资本市场均有大量投资，并一度控制新疆屯河、湘火炬、合金投资等多家A股上市公司。

　　20世纪90年代末，新疆德隆以"产业整合"为名，以金融控股模式进行大幅扩张，先后控制或参股了新疆金融租赁公司、伊斯兰国投、新世纪金融租赁公司、金新信托、德恒证券、恒信证券、东方人寿等十余家金融机构（仅缺银行牌照）。其目的主要在于通过旗下金融公司搭建多渠道资金管道用于实业及证券投资。其资金获取的方式主要有发行债券、银行借贷与股权质押套现、上市公司再融资及股票质押、民间非法集资和非法操纵股价投资获利等，而衔接银行借贷市场与证券市场的通道即由上述金融机构进行操作，所融资金借助关联交易和运作实现了集团与成员企业的无障碍流动。

　　根据监管部门与司法部门的调查结果，德隆系通过关联公司在整个银行体系的贷款额高达200亿~300亿元，借助金融机构非法吸存460亿元，一度控制资产超过1200亿元。在资金链断裂后所引发的金融风险对银行、证券等多个金融行业与市场构成了较大冲击，仅"三驾马车"（新疆屯河、湘火炬与合金投资）的市值就分别损失了28亿元、50亿元和15亿元。

　　资料来源：李德林：《德隆内幕》，当代中国出版社，2004年。

---

　　① 中国人民银行副行长胡晓炼在第二届金融街论坛的讲话。

此外，IT技术进步与金融的深度融合带来了新形态的金融混业——"互联网金融"，其业务本质是脱媒状态下的金融服务，无行业边界甚至无国界（例如比特币）的高速扩张自下而上地改变着传统的金融结构。央行在《2013年第二季度货币政策执行报告》中"中国宏观经济运行"章节，首次以单列小节的形式对该金融业态给予关注，认为"互联网金融业在资金需求方与资金供给方之间提供了有别于传统银行业和证券市场的新渠道，提高了资金融通的效率，是现有金融体系的有益补充"，而同时"也给金融监管、金融消费者保护和宏观调控提出了新的要求"。2013年建立的金融监管部际联席会议制度确定的五大监管方向中即包括互联网金融，对部分互联网企业在线下业务、吸收公共存款、民间集资和借贷等方面如何监管给予了高度重视。

从互联网金融业的潜在影响来看，阿里巴巴、百度、腾讯等大型互联网企业依托自有电子商务（B2B & B2C）平台，通过电子（第三方）支付系统与各类金融商品供销相连接，从最初单纯的消费支付业务向转账汇款、跨境结算、小额信贷、现金管理、资产管理、供应链金融、基金和保险代销、信用卡还款等传统银行业务领域渗透（见图7）。这些具体从事金融业务的实体企业已体现出强烈的金融中介化特征，并在集团层面上同时具备间接金融与直接金融的媒介功能，互联网金融事实上已越过分业经营的制度框架。

相比传统产业与金融的混业形态，互联网金融企业拥有数以亿计的用户，社会辐射面更广，（潜在）资金的调动能力达千亿元级，对微观、宏观审慎监管的挑战性更大。互联网与金融深度融合所推动的现代产业结构性变革进程与金融监管进步的步调倘若不能同步，不仅可能侵害到广泛受众的信息安全与金融消费权益（例如P2P行业信用危机），也会影响金融政策实施的有效性，从而增加系统性风险的发生概率。

因此，在互联网金融的监管制度设计上，需要尽快研究并启动立法程序，明确不同类型互联网金融业务边界、准入门槛与市场退出，划定监管机构对各项业务的职责范围以及设计针对互联网金融集团的审慎监管标准，从而将互联网金融业务活动完整地纳入国家金融监管视野。

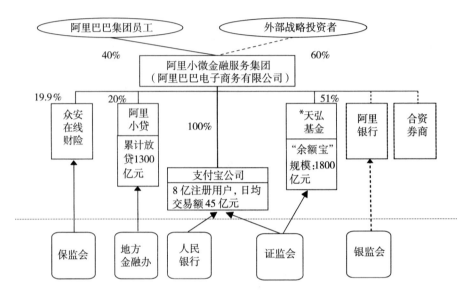

图7 阿里小微金融服务集团业务体系与监管部门

注：虚线表示尚处于动议或申报材料反馈期，相关实体尚未建立。

*阿里巴巴增资并控股天弘基金管理公司的计划正在等待证监会的批文。

资料来源：阿里巴巴集团官网，国泰君安证券研究所。

（二）未来可能的混业路径

随着国内跨行业、跨市场、跨产品交叉形式由金融行业内部不断创生，银行、保险、证券等各业务之间的界限最终会被打破，而其他产业体系借助资本向金融行业渗透的现象也有蔓延之势，金融混业经营成为大势所趋。从前述所分析的国内金融混业现状与动向来看，未来"大金融"的演变路径可能会有两种：

路径一：行业同属性的产品与服务的融合引发金融机构创新部门业务膨胀，并可能最终以自然演进的方式形成全能银行制的混业结构。

金融行业融合是社会经济发展对金融服务一体化的需求所致。在生存与发展的驱动下，金融机构纷纷通过设立创新部门进入部分法律界定比较模糊而市场需求又相当旺盛的领域（例如财富管理），以提升自我跨业经营能力。创新部门在业务量快速膨胀过程中因地位不断提升、与其他部门合作效应持续增强、与传统业务融合程度的加深等因素最终主导了所在机构业务体系与组织结构的调整，而行业经验学习则加速了全能银行制的形成。

从典型欧洲全能银行具体运作来看（如德意志银行），全能银行集多项金融牌照于同一法人；直接通过业务部门的形式开展全方位金融业务；在部门层面公司资源实现平行流动的同时也没有明显的防火墙；对金融监管的统一性和有效性要求较高；除此之外，金融寡头具有较高的自我监管能力也是全能银行稳健运行的必要基础。

路径二：以监管制度变革为推动力，在满足金融稳定与行业潜在系统性风险隔离的基本诉求前提下，以"集团混业、内部分业"为特征的金控集团模式将可能成为未来金融混业的基本模式。

金融控股公司作为混业经营和分业经营的中间模式，在一定程度上能够兼顾金融效率与金融稳定的渐进平衡发展。从目前中国的金融混业发展趋势来看，金控集团具备良好的实现条件，部分大型银行、保险及投行混业发展初具雏形，谋求跨界发展的内在要求强烈，在组织形式上也已趋向于金融控股公司。

鉴于中国目前金融企业体系比较脆弱、金融法系不协调和不健全、金融监管滞后和金融机构自我约束能力不足的现实情况，尤其在中国经济减速的大背景下，发展金融控股公司不仅有利于满足"大金融"趋势下集团层面的混业需求和促进提高整体金融效率，还能相对保持各子公司开展业务的独立性，提供制度防火墙的保障。金控集团这一组织形式不仅能够适当减轻目前分业监管架构调整的压力，而且也为我国探索新形势下混业监管争取了必要的缓冲时间。

值得指出的是，国内金控集团模式的发展还存在一些问题，需要通过建立必要的法律约束和企业自律机制加以解决。在监管层面，混业集团层面的监管主体应进一步明确，需要前瞻性地建立适用金融混业集团的监管制度，与大型集团的流动性风险相配套的监管手段要及时跟上。在被监管对象上，部分已开展混业尝试的集团内部机构改革还相对滞后，主要表现为母公司大多是本业的经营实体，混业发展过程中容易与处于不平等地位的其他子公司产生利益冲突或利益胁迫，这与美国、日本的金融控股公司中母公司作为纯粹的控股公司主要履行监督管理和内部协调的职能、一般不直接从事具体业务有较大的区别。

三、金融混业形势下的监管挑战

我国以《中国人民银行法》为核心，以《商业银行法》《保险法》《证券法》《信托法》等法律为基础的金融监管法律体系和"一行三会"的监管机构设置体现出比较典型的机构型监管模式特征，强调对市场上所有金融机构按行业性质进行划分，每个机构只对应一个监管主体。这种监管模式在金融机构形态简单、业务界限分明的情况下是有效的，总体上可以维护金融行业平稳运行并降低监管成本，但随着金融服务一体化程度的加深，严格的分业监管体系已经不适应金融一体化的发展趋势。

在"大金融"格局下，现有监管体制面临的挑战集中在以下三个方面：

（一）法律法规体系缺乏完整性和统一性

金融由分业经营向混业经营发展过程中，大多数国家的监管理念都经历了从机构监管向功能监管的转变，并伴随金融立法体系的重大调整，即整合那些存在于原分业监管部门分散的法律法规，将金融市场同质化金融服务归入统一的监管口径当中去，避免监管重复或监管真空。如英国1986年出台的《金融服务法》和2000年出台的《金融服务市场法》；美国1999年出台的《金融服务现代化法案》；德国2002年开始实施的《金融服务监管法》等。

从我国的情况来看，由于金融法律修订周期普遍较长，各监管部门在碰到问题时只能从自身的角度应急制定部门规章进行"碎片化管理"，侧重规则监管和微观管理导向，制度弹性、应变性和预见性不足，法律修订频率常滞后于形势发展，例如信托理财产品规模已经膨胀到10万亿元的规模，而其他行业如银行、证券公司、保险理财产品的法律关系到底归于"信托"还是"委托代理"，迄今认识仍然模糊。《商业银行法》《证券法》等部门法以及

"三会"出台的各种部门规章制度之间没有根据新形势发展而进行大规模梳理，加大了这类金融机构的成本支出，同时也降低了金融的整体监管效率。

与此同时，分业金融的跨界业务发展与金融控股集团的加速形成，事实上突破了现有法律所确定的分业监管边界，金融商品消费者权益保护、混业业务监管准则、金融机构的市场退出等方面法律仍是空白，监管主体对金融风险的判断标准不统一，实施有效监管的难度正在加大。

（二）监管部门协调机制作用有限

中国人民银行、银监会、证监会和保监会（"一行三会"）共同构成的金融监管格局中，"三会"级别相同，各自监管理念、监管目的、监管方式和监管执行均存在差异。在分业监管框架不做重大调整的前提下，部门间的监管协调机制尤为重要。为改善平级部门的监管有效性，我国已经建立金融监管联席会议制度，并先后进行了三次调整。2013年国务院同意建立金融监管协调部际联席会议，除"一行三会"外还纳入了国家外汇管理局，并在有必要时可邀请国家发改委和财政部门参加。新联席会议制度的职能较之前只是扩大了沟通协调范围，主旨仍是"重点围绕金融监管开展工作，不改变现行金融监管体制，不替代、不削弱有关部门现行职责分工，不替代国务院决策，重大事项按程序报国务院"，该制度没有对各监管部门分工进行重新划分，也不能在协商的基础上制定政策和做出决策，对当前混业金融发展过程中或有系统性风险的监测和调控作用有限。

（三）多重监管导致监管冲突

多重监管的表现主要为多头监管和交叉监管，监管权力不统一导致的结果是监管效率低下和监管冲突，市场被人为割裂。

（1）我国债券市场目前分割为银行间市场和交易所市场，两者在登记、托管和结算上基本独立，发展步调不一。债券品种上，公司信用债中企业债、公司债和非金融企业债务融资工具的发行则分别由国家发改委、证监会和银行间市场交易协会监管，缺乏统一的规范。

（2）融资租赁市场也面临同样的问题，金融租赁、内资租赁和外资租赁分别由银监会、商务部流通司和外资司进行监管，市场准入门槛与经营范围限制条件不一。监管最为宽松的外资租赁业存在大量"假外资"公司从境外套取低成本资金用于国内类贷款业务的现象，对金融秩序形成了干扰。

（3）场外交易市场上，国务院于2011年下发《关于清理整顿各类交易场所切实防范金融风险的决定》（国发38号文），要求各省（自治区、直辖市）人民政府以属地管理为原则，对本地区各类交易场所进行集中清理整顿，并建立以证监会牵头，有关部门参加的"清理整顿各类交易场所部际联席会议"制度，统筹协调有关部门和省级人民政府清理整顿违法证券期货交易工作。但由于证监会在没有获得足够授权的情况下难以对地方交易所实施集中统一监管，整顿的结果并不尽如人意。在各地政府与证监会组成的多边监管体系下，对各类交易所部分已经具有类证券和类期货性质的产品监管存在缺失。

四、金融混业下的监管创新

金融不仅承担着经济发展引擎的经济功能，还有实现社会资源整合、促进社会公平发展的社会功能，统筹金融市场经济功能和社会功能的金融体制，才能有效实现服务实体经济的功能。在我国经济结构调整与转型的关键时期，金融监管制度的改革与创新，不仅需要进一步明确对"大金融"格局的监管目标和监管标准、维护金融体系的整体稳定性，同时也需要从金融国际化的角度为国内金融服务业创新发展创造良好的外部环境，寻找稳定与效率的新平衡点。

在这样的理念下，渐进式推进监管功能创新和监管架构调整是监管创新的必然选择。

（一）监管理念应由机构监管转向功能监管

在大金融格局下，银行、保险、证券等传统业务在金融创新推动下界限逐渐模糊，单纯的机构监管对混业架构的金融机构的资产组合风险控制和评价以及总体清偿能力往往难以把握。多个部门同时对同一金融机构进行监管，既造成了重复监管和监管真空，也容易导致监管过度投资的问题，监管效率也较低。

与机构监管相比，功能监管优势比较明显。功能监管首先关注的是金融产品的基本功能，并以此为依据制定相应的监管规则，从而有效解决混业经营环境中金融创新产品的监管归属问题。从我国金融产品的现状来看，不同金融业态所创造的大部分金融产品在功能实现的路径上都具有高度的相似性，采用功能监管将有助于解决目前监管不连续、不统一和不协调的问题。其次，功能监管强调跨市场、跨机构的监管，功能型监管机构改变了现有从单个市场出发的监管困局，因而能够关注到从事多种业务的金融集团运行过程中的整体风险，有助于防控系统性风险的发生。最后，功能监管使金融机构在接受业务和产品监管时对口部门明确，适用规则统一，从而有效降低金融体系的创新成本，提高了金融效率。

（二）监管组织体系应由分业监管转向统一监管

金融结构的变迁决定了一国金融监管体系的变迁方向。随着我国混业经营程度逐渐加深，宏观金融结构趋向复杂化，建立在"分业经营、分业监管"基础之上的金融监管组织架构和原先简单化的监管手段正面临越来越大的挑战。如何通过金融监管体制改革最大化消除监管交叉、监管重复与监管盲区，实现金融稳定与效率性的平衡，成为当前监管部门与被监管的金融机构共同思考的问题。

从各国监管实践来看，通过建立统一监管组织架构应对混业金融结构变化已成为共识性的应对之策。根据 Llewellyn（1999）对世界范围内主要国家金融监管制度的研究，在 123 个样本国家中已经成立综合性金融监管机构或者统一金融监管机构的国家比例达到 48%。2008 年金融危机发生后，美、英、俄等国先后完善了原有金融监管体系（如美国成立了金融稳定监管委员会 FSOC，俄罗斯央行接管了原联邦金融局的监管权等），通过组建统一的金融监管组织，改善微观金融监管的协调性、加强宏观审慎监管能力，已成为国际金融监管改革所致力的方向。

组建统一的金融监管组织有如下优点：①金融政策的制定和监督执行两项职能归属同一监管机构可以保持金融政策的统一性和连续性。②符合金融监管目标与要求的一致性原则。在同一监管机构下，不同对象的监管标准与方式能够通过内部协调得到解决，有利于减少多边监管体制中存在的监管摩擦。③促进金融监管法律体系健全与完善。原有分业监管部门成为统一监管组织的下属机构后，其微观审慎监管能力仍能继续保持，而原先各部门分头制定的监管规则与规章能够在新协调机制下得到系统性的梳理和补充，金融监管的法律基础得到夯实。④弥补分业监管宏观审慎监管能力不足的缺陷。金融创新加速不断推动金融机构混业程度的加深，传统分业监管依赖对单个市场、单个金融机构的微观审慎监管已经不足以防范整个金融体系的整体风险。统一金融监管框架有助于实现监管资源的合理配置，在监管信息交流与共享方面更充分及时，提高了监管部门对系统性风险动态监测、识别和应对的能力。

（三）改革监管体制以适应混业经营的趋势

从长远来看，通过多层次、全方位的监管体系改革，逐步建立和完善功能性统一监管框架，侧重点在于金融市场和金融机构的统一监管、宏观审慎监管能力发展和金融消费者权益保护3个方向。然而，建立统一金融监管模式必须进行力度较大的监管组织创新和承担较高的制度转换成本。从现阶段经济和金融的现状来看，我国从分业监管直接转向统一监管的条件仍不够成熟，为保持金融体系的安全与稳定，监管体制演变建议从分业监管的现实基础入手，加强部间的进一步协调与合作，继而从协调过渡到统一。

1. 完善法律法规体系，改善金融监管法律环境

法律制度是实施金融监管的基础，对监管者和被监管者具有双向约束的作用，也是保障监管体系稳定运行的必要条件。现行金融法规的部分规定不仅滞后于金融形势的发展，而且由于部门间协调机制没有有效建立，彼此之间的内容衔接不够紧密，监管主体在进行混业经营时往往因为"无法可依"

"有法难依"而处于被动局面。

建议从以下3个方面着手建立具有各种效力等级、全面协调的法律法规体系，形成"混业经营、分业监管"的新金融监管框架。

（1）采取"整体修法、联动修法"的方式，积极完善以《中国人民银行法》为核心，《商业银行法》《证券法》《保险法》《信托法》为基础的金融法律体系。对各部门已出台的各项规章和规则进行全面梳理、补充及修改，将新型金融机构、创新金融业务和行为纳入监管；强化对各类金融业务和金融机构的外部监管执行能力。

（2）进一步明确中国人民银行在金融监管中的主导权和具体工作职责，由央行牵头会同"三会"重新确定各部门对市场层面、产品层面和业务层面的监管权限、监管方式和监管目标，进一步集中监管权力，提高监管效率；同时进一步界定金融行业协会的法律地位、工作方式和权利义务，形成他律性与自律性相结合的多层次金融监管系统。

（3）适时出台《金融稳定法》《金融控股公司法》《金融机构破产条例》。将目前实际控制（或具有实质重大影响力）银行、证券、保险两个类别以上的法人或者自然人纳入监管范围；明确金融控股公司的设立、报表合并、资本充足率等方面的监管标准；建立金融控股公司的监管信息数据库，对混业集团进行全面风险监控与评价。同时明确界定金融机构经营者、债权人、监管部门、中国人民银行、各级政府部门等相关主体的权利与义务，对金融机构市场退出的具体标准、程序、债权债务清偿等做出规定，并配套建立存款保险制度、最后贷款人制度，完善金融风险预警和危机救助机制。

2. 增进部门协调机制，提高监管效率

从完善监管协调的制度设计上来看，现有部际联席会议制度对分业监管部门约束力较弱。因此，适时在分业监管部门架构之上设立实质性的监管机构以进行更高层次的监管整合，分阶段授予其协调监管部门关系的职能，使其拥有跨部门监管、跨国界监管的权力以及对金融法律和法规、协调监管政策和监管标准等的制定和决策权力，从而完成监管体系由分业监管转向统一监管的过渡。

3. 突出投资者保护体系的完整性和独立性

与美国危机前消费者保护的架构类似，目前银监会、证监会和保监会都
已在组织内部设有专门的金融消费者部门，各自对类别金融服务消费进行监
管。但随着国内金融创新服务及产品的大量涌现，分散型的消费者保护机制
独立性不强，对金融消费者权益保护的不连续、不统一性问题凸显。我们有
必要参考国外监管改革的经验，在分业监管框架不变的现实情况下，进一步
增强既有投资者保护机构在各自分业监管部门的内部独立性，形成微观审慎
监管部门与金融消费者保护部门相互联系且制衡的分立格局。

（四）建立宏观审慎政策框架，形成宏观与微观风险监测一体化

金融机构风险暴露的高度关联性是最终引发金融危机的主要原因，因此
单纯运用微观审慎工具不足以防范系统性风险。2008年美国金融危机后，国
际货币基金组织（IMF）、金融稳定委员会（FSB）等国际监管组织以及欧美
各国的监管机构都将金融监管改革重点转向宏观审慎政策框架的建立。

与此同时，中国金融"十二五"规划中也相应提出构建健全的宏观审
慎监管框架的目标。但是直到目前为止，在"一行三会"监管框架下，没
有一家金融监管机构具备监控市场系统性风险所必需的信息与权威。与欧
美等发达国家相比，中国宏观审慎监管改革缓慢，目前尚未确定责任主体
与监管框架，尚未建立宏观审慎监管与微观审慎监管间的有效信息沟通与
协调机制。

通常情况下，宏观审慎监管创新主要应立足于以下两个方面。①信息管
控机制。可以考虑由央行下设宏观审慎监管部，将金融市场与房地产市场及
其他高杠杆经济部门作为重点监测对象，负责收集和汇总除传统宏观数据外
的特定行业信息、跨境信息以及微观金融机构的资产负债信息，为宏观审慎
政策制定提供决策依据。②宏观审慎政策工具。宏观审慎政策工具开发是国
际监管的新领域，应在目前达成共识的工具与指标中研究其在中国的适用
性，并在此基础上形成符合中国金融体系的宏观审慎工具箱（见表3）。

表3 宏观审慎政策工具与指标

政策工具	指　标
1. 资本工具	
逆周期资本缓冲	对总信贷周期的衡量
动态拨备	银行信贷增长和特定拨备
部门资本要求	对以部门为基础的不同种类的信贷总额的价格和数量（包括银行之间的借贷，非银行金融机构、非金融机构和家庭的信贷），机构集中度，机构之间和跨机构的借款分配，房地产价格，租售比等进行衡量
2. 流动性工具	
逆周期流动性要求	流动性覆盖率和净稳定融资比率，流动性资产与总资产或短期债务，贷款及其他长期资产，贷款与存款比率，贷款息差
金融市场抵押值和扣减	抵押和扣减，买卖价差，流动性溢价，影子银行体系杠杆率和估值，市场深度措施
3. 资产工具	
贷款价值比和债务收入比	房地产价格，购租比，抵押贷款增长，证券包销标准，与家庭金融风险有关的指标，再融资兑现指标

资料来源：Committee on the Globe Financial System，CGFS Papers， No.48 ，2012。

Challenges to Financial Supervision under the Trend of Universal Banking

LIN Caiyi

（Guotai Junan Securities Co., Ltd）

XUE Erfan

（Shanghai Jiao Tong University）

Abstract: The wave of interest rate liberalization and financial innovation has pushed financial business into the era of increasingly universal banking from previous separate model. As the emerging tendency of financial innovation and integration, financial business now has the external features of being cross-market, interagency, and cross product. Therefore, issues have arisen and been discussed about how to establish a framework of supervisory system that can be well adapted to the current stage of financial development.

Keywords: Universal Banking, Financial Supervision

绿色金融政策和在中国的运用[*]

◎ 马　骏 施　娱

摘要：要想实质性地缓解环境污染问题，今后五年内中国在环保、节能、清洁能源等绿色产业的投资应该达到平均每年2万亿元。但目前的体制无法将绿色项目的巨大外部性内生化，因此难以为绿色投资提供足够的激励机制。本文在研究理论、国际经验和中国现实的基础上，提出了一个在中国建立绿色金融政策体系的思考框架和9条具体政策建议。这些建议包括：①考虑成立绿色银行，以绿色债券为主要融资来源；②完善财政贴息机制，鼓励绿色贷款；③银行和评级公司在评估中引入环境风险因素，建立绿色信贷体系；④建立公益性的环境成本信息系统，为决策部门和全社会投资者提供依据；⑤在更多的领域实行强制性绿色保险；⑥加快推动碳交易市场发展；⑦建立上市公司的环保社会责任规范和信息披露机制；⑧成立中国的绿色投资者网络，建立投资者社会责任体系；⑨提高消费者对绿色产品的消费偏好。

关键词：绿色金融　绿色投资　金融政策　财税政策

作者马骏系中国人民银行研究局首席经济学家，本文为作者个人意见；施娱系德意志银行分析员。

* 本文是博源基金会和能源基金会支持的"PM2.5减排的经济政策"研究项目的一个子课题报告。作者感谢黄超妮、张庆丰、Daniel Zhu、Richard Mattison、Calvin Quek、何迪、赵立建、黄剑晖、杨姝影、阎庆民、魏加宁、张承惠、刘丽娜、王建盛、纪敏、白重恩、Simon Zadek 等专家的意见和帮助。

引　言

绿色金融政策是指通过包括贷款、私募基金、发债、发行股票、保险等金融服务，将社会资金引导到支持环保、节能、清洁能源等绿色产业发展的一系列政策和制度安排。笔者估计，绿色产业在今后五年内，每年需投入约3%的GDP（每年约2万亿元）。在全部绿色投资中，政府出资估计为10%~15%，社会资本投资的比重将占到85%~90%。在目前价格体系无法完全反映绿色项目正外部性的情况下，如何吸引社会资金配置到绿色产业，是政策面临的一大挑战。

从经济学角度来看，绿色金融政策就是通过政策和体制安排，纠正在市场价格体系下绿色投资的（正）外部性或污染投资的（负）外部性无法被内生化的缺陷。绿色金融政策应该成为一套体系，其目标应包括：①引导足够的社会资金投入绿色项目，以达到国家的总体污染减排目标；②在可选的大量项目中，将资金以"给定减排目标，资金使用效率最高"的原则进行配置；③避免系统性的金融风险。

一、绿色金融政策的经济学理论框架

本节修改了微观经济学对企业利润和消费者效用最大化问题的表述，在此基础上提出了一个简单的绿色金融政策的经济学分析框架，用于指导政策的设计。其结论是，为了引导社会资金投向与社会福利最大化相一致的绿色项目，可以采用三种类型的政策和机制设计：一是提高（降低）绿色（污染）项目的产出价格；二是降低（提高）绿色（污染）项目的投资成本；三是提高企业和消费者的社会责任。哪些政策工具可以以较低的成本达到同样的引导绿色投资的效果，这些政策就应该是最优的政策。

（一）从企业问题看三类绿色金融政策

传统的微观经济学假设是，企业追求利润最大化。在给定产出价格和投入品成本的基础上，企业通过求解利润最大化的问题得出最优的产出产量。但现实的问题是，这些产出品和投入品的市场价格没有充分反映生产、消费这些产品过程当中所带来的外部性。因此，企业根据利润最大化目标所决定的产出数量与社会福利最大化是相矛盾的。本节通过一个简单的微观经济学模型，来说明上述观点。

有社会责任的企业的目标 = a×利润 + b×社会责任

其中，利润为传统微观经济学意义上的利润，即销售收入减生产成本和税收。假设该企业生产两种产品，一个是清洁产品，一个是污染产品。企业利润的具体表述为：

利润 = 利润$_{清洁产品}$ + 利润$_{污染产品}$

　　 = {(1 − 税收$_{清洁产品}$)×价格$_{清洁产品}$×产出$_{清洁产品}$ − 成本×产出$_{清洁产品}$}

　　 + {(1 − 税收$_{污染产品}$)×价格$_{污染产品}$×产出$_{污染产品}$ − 成本×产出$_{污染产品}$}

其中产出成本包括资金的成本（利率是其中一部分）。假设产出方式体现规模效益递减的规律，企业如果目标为利润最大化，则通过一阶导数为零的条件，在边际收入与边际成本相等的条件下方程有唯一解（得到两个产品最优产出）。我们把这两个产出称为利润最大化产出$_{（清洁产品）}$和利润最大化产出$_{（污染产品）}$。

我们知道，由于外部性没有内生化，从而导致了如下问题：

清洁产品的利润最大化产出 < 其社会福利最大化产出

污染产品的利润最大化产出 > 其社会福利最大化产出

其中，社会福利定义为：企业利润 + 个人消费 + 外部性（如对第三方的健康损害），而这些健康损害与污染产品的生产与消费呈正相关。

那么，如何才能将外部性内生化，以达到降低污染产品的产出、提高清洁产品的产出效果呢？从上述企业的问题来看，至少有如下几类政策手段：

第一类政策：提高清洁产品的定价（如对清洁能源提供补贴），从而提高清洁产品的投资回报率；减少对污染产品的价格补贴（如有），从而降低其投资回报率。

第二类政策：降低清洁产品的税费和其他成本（如贷款利率），从而提高清洁产品的投资回报率；提高污染产品的税费和其他成本（如贷款利率），从而降低其投资回报率。

第三类政策：提高企业目标函数中社会责任的权重。

前两类政策能够降低污染产品的产出和提高清洁产品的产出。第三类政策虽然是传统经济学没有的内容，但笔者认为可能是一个成本很低，但效果非常好的环境政策选择。

笔者将社会责任定义为一个函数，该函数与企业生产的清洁产品的产出正相关，与其所生产的污染产品的产出负相关。企业目标函数中包括社会责任，已经体现在一些发达国家的大型金融机构和上市公司对公众的披露中。

如果社会责任的权重 b 大于零，它可以在一定程度上替代财政等经济手段来达到改变企业行为的目的。具体来说，可以选择一个权重 b，使其产出影响的效果与通过对清洁产品进行价格补贴造成的结果相同。我们将生产清洁产品的两类企业问题做了如下数学表述：

有社会责任的企业的目标

$$= a×利润 + b×社会责任$$

$$= a× \left[（单位产出价格）×产出 - 成本 \right] + b×声誉价值×产出$$

利润最大化的企业目标

$$= a× \left[（单位产出价格+价格补贴）×产出 - 成本 \right]$$

如果上述两个方程最后可以达到同样的目标，则可将两个方程列为等式：

$$a× \left[（单位产出价格）×产出 - 成本 \right] + b×声誉价值×产出 = a×（单位产出价格 + 价格补贴）×产出 - 成本$$

将方程重新组合后得到社会责任与补贴之间的替代条件：

$$b×声誉价值 = a×价格补贴$$

即在上述条件下，企业对声誉的关注可以替代政府对清洁产品的价格补贴。

（二）从消费者问题看第四类绿色金融政策

上一小节描述了提高企业社会责任的权重可以成为改变企业行为的工

具。但是，上文没有考虑到，市场价格是由企业和消费者通过市场均衡机制来共同决定的。因此，我们也需要研究消费者的问题，尤其要研究如何改变消费者的偏好来影响市场价格，从而减少外部性。

传统微观经济学假设消费者是追求效用最大化的，而消费者所购得的产品效用是可以计量并加总的。虽然边际效用可能递减，但是从每个产品得到的效用与消费量呈正相关。笔者提出了一个新的效用函数：

消费者效用函数 = a×消费产品带来的效用 + b×消费者社会责任

其中，消费产品带来的效用就是传统意义上的效用函数。假设只有两类产品，我们可以将此函数定义为：

消费产品带来的效用 = U（清洁产品消费量）+ U（污染产品消费量）

消费者的社会责任体现为其在消费某一类产品时所得到的社会声誉。我们将其定义为：

消费者的社会责任 = c×清洁产品消费量 - d×污染产品消费量

其中 c 和 d 都大于零。

对发达国家的许多消费者来说，产品的价格和效用可能并非影响购买决策的唯一因素。这些消费者开始追求道德感和责任感，他们要知道产品生产方式、生产地点，以及是哪个工厂生产出来的，这个工厂是否有污染环境、使用童工、盗用知识产权等问题。如果有这些问题，即使产品比较便宜，他们也决定不买。而社会责任网络、要求企业披露污染信息的社会压力、NGO的努力等都使得消费者实现他们的社会责任成为可能。

如果消费者的社会责任在其目标函数中的权重 b 大于零，那么就可以证明，其目标最大化的结果，是该消费者消费的清洁产品（污染产品）数量大于（小于）b 为零的情况下的结果。换句话说：

有社会责任的消费者对清洁产品的需求 > 没有社会责任的消费者对清洁产品的需求量；

有社会责任的消费者对污染产品的需求 < 没有社会责任的消费者对污染产品的需求量。

如果消费者有了社会责任，那么由于其对清洁产品的需求上升，在市场均衡的条件下，会导致清洁产品的价格上升，其效果类似于政府对清洁产品提供了一个价格补贴；反之亦然。本小节的政策含义是，除了上面由企业问题得出的三类绿色金融政策之外，还有第四类政策应该考虑，即提高消费者的社会责任感。具体的做法可以包括对少年儿童进行环保责任的教育，为社会提供企业的环保信息，树立环保人物榜样，利用公众舆论广泛谴责不环保的消费行为等。

二、绿色金融产品的类别

（一）绿色贷款

绿色贷款政策，一般是指银行用较优惠的利率和其他条件来支持有环保效益并同时限制有负面环境效应的贷款项目。绿色贷款包括针对零售银行个人顾客的房屋贷款、汽车贷款、绿色信用卡业务，以及面向企业的项目融资、建筑贷款、设备租赁等。

企业贷款方面：赤道原则（the Equator Principles）是目前全球流行的自愿性绿色信贷原则。根据赤道原则，如果贷款企业不符合赤道原则中所提出的社会和环境标准，赤道原则的参与银行将拒绝为其项目提供融资。赤道原则的意义在于，它第一次将项目融资中模糊的环境和社会标准数量化、明确化、具体化。截至2013年，采用"赤道原则"的金融机构已有78家，分布于全球35个国家，几乎囊括世界主要金融机构，项目融资总额占全球项目融资市场总份额的86%以上。中国仅有兴业银行一家在赤道原则的官方网站上显示为参与成员①。

在中国，目前已经有一些鼓励绿色信贷的规定和政策意见（如《关于落实环境保护政策法规防范信贷风险的意见》《节能减排授信工作指导意见》《绿色信贷指引》），但许多还停留在原则层面，实际操作还没有到位。这些绿色信贷政策主要针对遏制"高污染、高能耗"企业的贷款，却较少提到为

---

① http://www.equator-principles.com/index.php/members-reporting/members-and-reporting.

环保行业或环境友好型企业提供贷款等措施。在推广赤道原则方面，环保部编译出版了《促进绿色信贷的国际经验：赤道原则及IFC绩效标准与指南》，但赤道原则尚未在我国商业银行中普及。

（二）绿色私募股权和风险投资基金

目前国际上大规模的绿色直接投资主导方仍然是国际知名的金融集团，同时也有一些专业投资者参与。

1999年，世界资源所（World Resources Institute）成立了"新风险投资"（New Ventures）项目，并得到花旗集团在资金上的支持。该项目专注投资于新兴市场环境行业中的中小企业。1999~2012年，该项目共帮助367个"产生明显环境效益"的中小企业获得风险投资总计3.7亿美元，累计减排二氧化碳330万吨，保护耕地450万公顷，节约净水57亿升[①]。著名的气候变化资本集团Climate Change Capital从事全方位的绿色产业投融资业务，其私募股权部门只投资于规模在500万~2000万欧元的公司，投资行业限制在清洁能源、绿色交通、能源效率、垃圾处理和水务[②]。其他国际上专门开展绿色私募/风投股权的还有Environmental Capital Partners等数十家公司。

笔者根据清科研究中心的数据计算得出，2007年至2013年上半年，中国的VC/PE中总共有694笔是在清洁能源领域的投资，总金额达到82亿美元，其中以2011年金额为最高[③]，多家公司成功在国内或海外上市。而近两年，随着VC/PE在中国遇到瓶颈，其直接投资于清洁能源的项目数量也有所下降。这一趋势表明中国清洁技术行业发展中的几个问题：其一，政策支持力度低，绿色产业项目回报率偏低，资金回收周期长；其二，国内市场化程度低，基础配套不全（如风电、太阳能上网困难等），一些主要产品过分依赖出

---

① http://www.wri.org/project/new-ventures.

② http://www.climatechangecapital.com/private-equity/investments.

③ 清科研究中心，2007~2012年中国私募股权投资年度研究报告，2007~2012年中国创业投资年度研究报告。

口欧美地区，需求波动性大；其三，投资者和消费者还没有形成对清洁技术良好的认知以及社会责任感。

（三）绿色ETF、共同基金

国外金融市场上已经出现了相当数量的、有较好流动性的绿色金融产品，其中以ETF指数和基金类产品为主，也包括碳排放类的衍生品等。这些产品吸引了包括个人投资者在内的更广泛的投资者群体。

现在国际上绿色指数主要包括：标准普尔全球清洁能源指数（包含全球30个主要清洁能源公司的股票）、纳斯达克美国清洁指数（跟踪50余家美国上市的清洁能源公司表现）、FTSE日本绿色35指数（环保相关业务的日本企业）。每个主要指数都相应催生了跟踪该指数的基金。

此外，特色指数和基金还包括：德意志银行X-trackers标普美国碳减排基金、巴克莱银行的"全球碳指数基金"（挂钩全球主要温室气体减排交易系统中碳信用交易情况的基金等）。我国在这方面起步较晚，目前在A股市场出现了部分基金产品，如A股富国低碳环保基金、中海环保新能源基金等，但规模不大，且其投资并未严格限定在环保主题范围内。

（四）绿色债券

绿色债券是若干国际金融组织和一些政府支持的金融机构发行的债券。由于发行者的信用级别较高或享受政府免税等政策，可以以较低的利率来支持绿色项目。

国际上已经发行绿色债券的机构包括世界银行、亚洲开发银行、英国绿色投资银行、韩国进出口银行等。这些债券的承销商一般是国际主要投资银行，投资者包括大型的机构投资者和部分高净值的个人投资者。这些债券的平均期限为5~6年。从2007年开始，全球发行的绿色债券的总市值超过50亿美元，其中世界银行占了大约一半。

绿色债券能够吸引投资者的原因包括以下几方面。①绿色题材、社会价值。②期限较短、高流动性。绿色债券的期限比其提供融资支持的项目短很多，一般为3~7年，具有二级市场的流动性，投资者卖出方便。③良好的投资回报。某些绿色债券享受免税优惠。④较低的风险。通过投资绿色债券，投资者避免了对单个环保类项目投资的风险，而且世界银行以及其他发行机构本身会对所投资的项目进行严格筛选。

（五）绿色银行

英国绿色投资银行是英国政府全资拥有的一家银行。政府为其提供了30亿英镑资金，并在董事会拥有一个董事席位，但银行独立于政府而运作。英国绿色投资银行的作用是解决限制英国绿色基础设施项目融资的市场失灵。英国政府期待绿色投资银行通过调动额外的私人投资，大力加快英国向绿色经济的转型。《英国绿色投资银行年报》指出，绿色投资银行投资1英镑可调动近3英镑私人资金。

英国绿色投资银行按三个准则评估项目：①稳健性；②杠杆效应；③绿色效应。投资的重点是具有较强商业性的绿色基础设施项目。至少有80％的投资将针对其优先领域，包括海上风电、废物回收、废物再生能源、非住宅能效。该银行可通过股票、债券和担保形式对项目进行投资，但不提供软贷款、风险投资或补贴。投资时会邀请社会第三方共同投资。

（六）绿色保险

绿色保险又叫生态保险，是在市场经济条件下进行环境风险管理的一项手段。一般认为环境责任保险是以被保险人因污染水、土地或空气，依法应承担的赔偿责任作为保险对象的保险。生态保险的意义在于，如果没有保险，许多企业在发生意外的污染事件之后就没有财务能力提供赔偿和对环境进行修复。另外，对某些行业采取强制购买保险的措施会将环境成本显性化，有助于企业内生部分环境风险的外部性，减少环境风险过大的投资行为。

由于欧盟始终坚持以立法的形式强调"污染者付费"原则，并在2004年发布《欧盟环境责任指令》强调污染责任，相关保险业务在欧洲最为发达。德国政府在1990年通过《环境责任法案》（*Environmental Liability Act*），在法案的附件中规定了10个大类、96个小类行业必须参保，主要包括热电、各类采矿、石油等。英国保险业协会也组织全国保险公司推出类似保险，一旦污染发生，赔付内容不仅包括清理污染的数额，还包括罚金、不动产价值损失、全部相关法律费用、医疗费用等。

我国2007年开始试点环境污染责任保险。2013年1月，环保部和中国保监会联合发文，指导15个试点省份在涉及重金属企业、石油化工等高环境风险行业推行环境污染强制责任保险，首次提出了"强制"概念。但该文件现阶段仍属于"指导意见"，并无法律效力。

三、财政手段对绿色金融的杠杆作用

用财政资金提供激励是将环保项目的外部性内生化的主要手段之一。联合国环境规划署估计，100亿美元的财政资金可以撬动1000亿美元的社会资金投入绿色产业，其文件中提到"公共财政机制是解决环境问题方案的一部分，每1美元的公共资金可以调动3~15美元的私有投资"。以下我们举若干国家的具体案例来说明上述财政工具的使用。

（一）政府提供绿色贷款贴息

德国绿色信贷政策的一个重要特征就是国家参与其中。德国复兴信贷银行（KFW Bankengruppe）作为政策性金融机构，虽然是国有控股，但不隶属于政府，这对帮助中小企业，特别是环境领域的中小企业融资起决定性作用。该行专门设立了"KFW环保贷款项目""KFW能源效率项目""KFW能源资金中转计划"等，贷款多由联邦政府的资金贴息。

（二）政府提供绿色贷款担保

英国政府在其研究中小企业融资的文件中提到[①]：政府并非决定每个中小

---

① BIS Department for Business Innovation & Skills, SME Access to External Finance, 2012, P27.

企业能否获得融资的最佳选择。因此，政府必须调用私人部门的人力、能力和经验去做出贷款决定。与此同时，英国政府选择用"贷款担保计划"支持中小企业尤其支持环保类中小企业，在确定最终担保比例和还款过程中，企业的环境影响被作为重要的标准。这种政策干预具有高效性、可以以较少的成本优化配置资本的优势。

（三）价格补贴（Feed-in-Tariff）

Feed-in-Tariff（FIT）是较为有效的经济补贴手段，即政府提供给清洁能源企业、团体或个人投资者一个保证购买其产出的长期价格，让投资者可以得到较好的回报。因为投资报酬率是影响市场成长的一大因子，FIT就是运用调节市场的力量，快速且有效地促进新能源发展的手段。国际上目前有超过50个国家使用FIT，通常期限为10~25年。

在国际上，FIT在太阳能行业的使用最为普遍。例如，德国在2000年颁布的《可再生能源法案》，对新装设的太阳能系统制定每度电0.35 ~ 0.5欧元的电价回购标准，太阳能发电系统只要连接上全国配电网路，就享有20年的固定价格收购保证[1]，并允许太阳能电力公司将额外成本平均分摊给所有用户。在政策引导下，太阳能在德国发电总量的比重已从2003年前不足0.1%上升到2012年的5.3%，而最终传导到用户的额外成本仅为平均每度电0.036欧元（2012年）。

（四）政府采购

政府采购是指政府机构使用财政性资金采购货物、工程和服务的行为。欧盟明确地提出了绿色公共采购（Green Public Procurement），鼓励成员国政府机构将50%以上的采购金额用于购买绿色产品、签订绿色合同。而是否可视为"绿色"则有一套严格的标准规定。主要"绿色"产品有节能计算机、再生材料桌椅、电动或混合动力车、可再生能源发电等。欧洲每年的政府采

---

① Deutsche Energie-Agentur, www.dena.de/en/.

购高达2万亿欧元（相当于欧盟GDP的19%），因而通过绿色公共采购，大大推动了欧盟环保产业的发展。

美国在2005年时颁布 *Federal Acquisition Regulation：Sustainable Acquisition*[1]，强调绿色采购。美国各级联邦政府总计建造或使用超过50万幢绿色节能建筑。美国学者Toffel和Simcoe更通过实证研究发现[2]，美国加利福尼亚州府通过让政府建筑采用绿色采购政策，不仅推动了环保产业的需求，更产生了正面的溢出效应，激发了私人部门对绿色产业产品的购买。

在我国，通过政府采购推广环保行业的做法刚刚开始，典型的做法是政府采购新能源汽车。

（五）对绿色债券免税

西方大多数国家的法律规定，有价证券的收益必须计入投资者收入总额并缴纳所得税。但是为了吸引投资者投资绿色债券，一些国家作出特殊规定，给予此类债券免缴收入所得税的待遇。绿色债券免税的经验主要集中于美国。2013年，马萨诸塞成为美国第一个自主发行免税绿色债券的州政府，债券发行所得资金将直接运用于环保基础设施建设。而在公司债方面，2004年，美国国会通过总额高达20亿美元免税债券计划，参加计划的免税债券如果是致力于推广新能源的基础设施建设债券，则其投资者可以在投资该类债券时豁免联邦所得税。

（六）财政出资建立绿色银行

英国绿色投资银行在其2012～2013年年报中指出，该年度绿色投资银行直接投资6.35亿英镑，社会第三方投资共16.3亿英镑，相当于投资1英镑撬动近3英镑私人领域资金，为优先领域的投资提供支持。在个别项目中，该

---

[1]　http://www.gpo.gov/fdsys/pkg/FR-2011-05-31/html/2011-12851.htm.

[2]　Timothy Simcoe, Michael W. Toffel, (2013).

撬动比例达到1：9。政府资金在这些项目中的作用包括：政府作为项目的启动者，对私人资本来说意味着某种程度的隐性担保，提高了私人投资者的预期回报或降低了其预期的风险抵押；政府提供了项目的前期评估和准备，降低了私人投资者的投资成本。

四、金融制度建设对绿色投资的引导

除了财政资金之外，还有一系列金融体制安排也可以撬动社会资金投入绿色产业。这些安排不一定需要多少财政投入，但可以通过立法、要求改变评估体系、建立社会责任体系、提供环境成本信息等方法在一定程度上增加银行和投资者对绿色项目的偏好，减少其对污染项目的投资倾向。以下简述几个例子。

（一）通过立法明确金融机构（如银行）对所投资污染项目的法律责任

1980年，美国出台了《全面环境响应、补偿和负债法案》。根据该法案，银行有可能对客户造成的环境污染负责，并支付修复成本。条件是：如果贷款人参与造成污染的借款人的经营、生产活动或废弃物处置活动或者对造成污染的设施有所有权，那么就必须承担相应的责任。这种责任被称为贷方责任（Lender Liability），且该责任是严格的、连带的和溯及既往的。1986年，马里兰地区法院起诉马里兰银行信托公司持有借款人用于清偿的物业，并拒绝EPA要求其清理污染物的提议。被告败诉，偿付EPA用于清理的成本[①]。类似案件在美国多达上百起[②]。

我国在明确金融机构的环境责任方面起步较晚，目前的规定还停留在原则层面，可操作性不强，也没有任何银行因为环境事件受到法律诉讼，因此目前的体系基本上还没有起作用。

---

① United States v. Maryland Bank & Trust, 632 F. Supp 573(D. Md. 1986).

② AC Geisinger,（1994）.

（二）要求机构投资者在其决策过程中考虑到环境因素

联合国负责任投资原则组织（United Nations' Principles for Responsible Investment）是一个由联合国发起，由全球主要投资者组织的国际框架，目标是实现六大"负责任的"投资原则，向全球正式推出责任投资原则。截至2013年4月，全球共有超过1200家机构投资者参与，管理资产超过35万亿美元。中国的参与机构仅有3家，包括九鼎投资、云月投资以及商道纵横①。

该框架强调了投资者需要在投资过程中考虑ESG的元素，即环境（Environmental）、社会（Social）以及公司治理（Corporate Governance）。该框架已经完成和正在进行的主要工作有以下几方面。①提供投资指引，帮助签约机构（特别是新签约机构）在投资时加强ESG因素的考量，并通过专设监督机构定期考察。目前已经有超过20家国际知名金融机构（德意志银行、花旗银行等）明确将ESG因素加入其投资项目和资产配置分析模型中。②每年要求投资者公开汇报其PRI的实施情况，汇报和评估文件公开可查。③设立Clearing House论坛，要求签约机构参加会议，交流经验并建立投资者网络。④通过使用专筹研究经费，并联合学术界、研究机构投资者采用ESG标准的情况，进行案例共享、出版刊物等。

（三）在信用评级中引入环境影响因素

在银行和债券信用评级公司评定企业和主权信用风险时，考虑环境因素是一个新的趋势。巴克莱银行专门有一套环境和社会风险评估系统，包含贷款部门、内部评级部门、环境及社会风险评估部门以及声誉委员会。一般的贷款案例中，只有贷款部门和内部评级部门合作，但一旦借款企业被认为有任何潜在的环境风险，则环境及社会风险评估部门就会介入，并给出指导意见。如果有重大风险可能影响银行的声誉，则声誉委员会将作为最高意见介入。对每个项目的评估都需要经过评估流程，如果贷款获批，则项目执行／建造过程中公司必须持续遵循环境政策，这些条款都会

---

① http://www.unpri.org/signatories/signatories/.

被写入贷款合同中。该评估体系还适用于巴克莱投资银行部的债券承销等其他业务。

主权评级方面，联合国环境规划署等机构发布一份名为《主权信用风险的新视角：把环境风险纳入到主权信用分析之中》的报告提出，环境因素应被纳入对各国主权信用评估中。这份报告以巴西、法国、印度、日本和土耳其五个国家作为样本进行分析，得出自然资源的恶化可导致一国贸易收支出现变化，从而影响国家的主权信用风险的结论。

公司信用评级方面，国际三大评级机构之一的标准普尔已经提出，在评级过程中需有ESG考量。该公司重点关注了全球变暖、碳排放和清洁能源相关因素，并将相关风险评估纳入已有的"Management and Governance Credit Factors"中[①]。

（四）要求上市公司和发行债券的企业达到绿色社会责任规范

上市公司和发行债券的企业在国际上通常被要求披露其环境责任信息，披露的内容通常包括：企业正运行何种项目、投资对环境产生了或可能产生何种影响、企业为减少这些影响所做出的努力、企业在环保技能领域的投入等。

根据Trucost公司2013年发布的报告，2011~2012财年，FTSE All-share指数中的443家英国公司全部通过年报、社会责任报告等不同形式披露了该企业的环境问题，并且这些公司全部将企业所产生环境影响进行了量化，披露比例比上一年的80%上升了20%。2004年的披露比例平均仅为37%[②]。

英国在环境成本披露方面表现领先的原因在于，英国注册会计师协会（ACCA）于1992年起实施环境成本信息披露表彰制度。其他欧盟国家包括丹麦、瑞典、荷兰以及挪威均在2000年之前强制规定企业披露环境成本信息。日本环境省于2003年发布的《环境报告书指导方针》是日本上市公司发布环

---

① http://www.standardandpoors.com/aboutcreditratings/RatingsManual_PrintGuide.html.

② Trucost, Environmental Disclosures Summary, Aug. 2013.

境成本会计和有关计算指标、发布环境信息的指南。加拿大政府的要求则更为严格，其对全国的企业（上市和非上市）都要求披露：企业必须做污染预防计划（该计划书同时是企业贷款评估的重要依据）。污染预防计划书摘要送交环境部，由政府通过媒体和网络来向公众公布并接受社会监督。

在中国，上海证券交易所于2008年5月颁布了《上海证券交易所上市公司环境信息披露指引》，但由于没有强制性，2012年沪、深两市共有644家上市公司披露了企业社会责任报告，仅占上市公司总数的26%[①]。

（五）建立绿色机构投资者网络

国际上已经有一大批机构投资者组成了各种网络，并以此为基础达成了有关绿色投资的社会责任协议，推动在投资决策程序中引入环境因素，督促被投资企业承担社会责任。比较重要的绿色投资者网络包括以下几个实体。①The Investor Network of Climate Risk （INCR），成立于2003年。该网络包括100个大型投资者，共管理11万亿美元的资产[②]。②The Institutional Investor Group of Climate Change （IIGCC）。该网络成立于2001年，现有成员80个，包括了欧洲的主要养老金和其他机构投资者，共管理资产7.5万亿欧元[③]。③The Carbon Disclosure Project（CDP）搜集和公布30个国家2500个机构（企业）的碳排放数据和由此导致的商业风险，要求上市公司就其碳排放披露更多的信息，目前代表了管理87万亿美元的722个机构投资者[④]。

（六）建立碳交易体系

碳交易的好处是对给定数量进行减排，减排的努力可以集中在效率最高、成本最低的企业，从而减少对整个社会的成本。换句话说，用一定的设

---

① http://www.rksratings.com/.

② http://www.ceres.org/investor-network/incr/a-decade-of-investor-action-on-climate-change.

③ http://www.iigcc.org/.

④ https://www.cdproject.net.

计／管理成本，一个有效的碳交易体系可以达到最大的减排效果。在理论方面，Montgomery（1972）的研究指出，在各种方式中，排放权交易的减排成本最低。假设市场完全竞争，政府无须知道各个污染源的成本函数，只需根据环境容量确定总量，市场最终能实现均衡，并达到成本最小化[1]。

目前碳排放交易有多种机制，其中规模最大的是欧盟排放贸易体系（EU Emission Trading System），主要采用的是总量管制与交易模式（Cap-and-trade Scheme）。我国深圳等地已经试点实行的碳排放交易也采取这种模式。

Cap-and-trade模式由管理当局设定参与企业在规定期间（通常为一年）的碳排放配额，并在期初以无偿分配或有偿拍卖的方式进行配置。减排得力的企业可以减少排放并在期间内出售多余配额，而另一部分排放过多的企业则须在期末前购买配额。到期末，企业须将分配额和实际排放额与管理当局核对，超标企业或面临罚款。由于交易系统也有非企业的机构投资者和个人投资者参与，如果企业在拿到配额时出售，然后在期末购回，则碳排放交易还具有一定的融资功能。新一期开始后，排放配额又将重新发放，并且总配额在交易主管方设计下通常逐年减少。

从运行效果看，经历了排放权配额调整等多次修正之后，欧盟排放交易体系已经初步建立，目前已有超过来自27个欧盟成员国的1.1万家企业参与，涉及面占欧盟总体碳排放量的45%。欧盟还承诺，2013~2020年每年削减二氧化碳排放总量1.74%[2]。其流动性还催生了许多碳排放交易中心以及碳金融衍生品。

（七）建立对项目环境成本（外部性）的量化和评估体系

以上所有推动绿色金融的政策措施，都必须基于对产业、企业、产品的

---

[1] Montgomery, D. Markets in Licenses and Efficient Pollution Control Programs[J]. Journal of Economic Theory, 1972(5): 395-418.

[2] The EU Emissions Trading System (EU ETS).

生产和消费活动外部性的量化，否则就无法确定这些政策的最优力度，政策制定就会因为拍脑袋而导致资源的浪费。具体来说，需要量化每一类生产和消费活动所产生（减少的）污染，以及未被目前市场价格所内生化的污染外部性，然后设计相应的财政、金融和其他政策将其内生化。这些政策的效果也需要尽可能量化。

国际上已经出现了一些实用的量化方法。例如，英国公司 Trucost 提出了"自然资本负债"（Natural Capital Liabilities）的概念，例如，温室气体排放、水资源消耗、垃圾生成都是对"自然资本"的侵蚀。该公司通过建立环境模型，并结合专家团队的测算，能够量化企业、投资者的行为所产生的相应环境危害或损耗，以及面对的环境风险。其量化结果不仅包括了"自然资本"数量的变化，更可以直接换算为经济价值，以供投资者进行决策时参考。该公司的数据库已经收集了超过 4500 家上市公司每年的"自然资本负债"数据。与其合作的投资者包括苏格兰皇家银行、纽约证券交易所等。

五、对建立中国绿色金融体系的具体建议

根据前文讨论的理论框架、国际经验和中国的实际情况，我们在本节中提出九条关于建立中国绿色金融体系的具体建议。前两条建议与财政有关，涉及财政出资发起绿色银行、对绿色债券免税和对绿色贷款贴息。这些"财政类"的建议之所以被我们放入"绿色金融体系"的内容中，是因为这些措施直接影响金融机构和金融市场的运作，或者说是通过金融体系来实现其对绿色投资的引导功能。[1]此后的七条建议包括绿色评级、绿色保险、建立碳交易机制、强制披露、提高社会责任、建立公益性的环境数据库、绿色教育等，

---

[1] 其他一些影响绿色投资的财税政策（如政府对污染行业的税费政策，对清洁能源、清洁汽车企业的直接补贴等）因为未必通过金融机构来发挥激励作用，未在此讨论。对这类财税政策的详细讨论，请见我们关于《PM2.5减排的经济政策》《控制常规煤炭消费的政策》等章节。

不需要大的财政支持，属于"非财政类"的激励绿色投资的措施，其中多数通过影响金融机构和市场的运作来发挥作用。总体来看，这些措施的作用是通过提高产出价格、提高需求、降低融资和运行成本等方式来提高绿色项目的回报率，使更多的社会资金愿意投入绿色行业；同时通过强制披露、绿色保险、环保教育等方式来提高污染项目的成本或将未来的或有成本显性化，从而达到抑制污染性投资的目的。

关于这九项政策对绿色投资的激励作用、对污染性投资的抑制作用及其发生作用的机理，我们在表1中做了简单的归纳。每项建议更详细的内容见下文的讨论。

表1 各项政策的预期效果和作用机理

政策建议	主要效果和机理
绿色银行和绿色债券	降低绿色项目的资金成本，提高绿色投资资金的可获得性和使用效率
财政贴息绿色贷款	降低绿色项目的资金成本
银行和评级公司引入环境风险因素	将环境风险显性化，从而抑制污染性投资
建立公益性的环境成本信息系统	提高环境信息的可获得性，降低环境项目评估的成本
在若干领域实行强制性绿色保险	将环境风险通过保费显性化，从而抑制污染性投资
推动碳交易市场发展	通过市场机制，降低减排的成本
建立上市和发债企业的环境信息披露机制	通过提高企业的社会责任感，提高（降低）其对绿色（污染性）投资的偏好
成立绿色投资者网络	通过机构投资者的压力，提高被投资企业的绿色偏好
环保教育	提高消费者对绿色产品的消费偏好

（一）研究成立中国绿色银行，以绿色债券为主要融资来源

为了在可预见的未来明显缓解环境污染，今后几年内全国对绿色项目的投资需求估计将达到每年2万亿元。但由于我国目前的财税体制、资源定价、专业评估能力和环境成本信息等方面存在大量问题，投资者和金融机构对绿色项目的兴趣不足，绿色信贷的余额仅为1万多亿元。如果期待通过所有问题都逐步解决来提供激励机制，则绿色投资的增长速度会十分有限。因

此，由政府作为发起人之一组建一家专业从事绿色投资的银行，充分发挥绿色债券的杠杆作用和专业评估能力的规模效益，可以在整个体制无法大变的背景下实质性地推动绿色投资的增长。具体设想包括：

·绿色银行的资本金可以部分来自政府，也可以部分来自社会资本，包括社保基金、保险公司、其他养老基金和具有长期投资意愿的其他机构。这种安排可以直接让社会资本长期参与绿色产业的投资。该银行的资本金规模应该能够支持每年上千亿元的绿色贷款和投资。

·有专家建议考虑在国家开发银行现有的绿色信贷业务和专业能力的基础上，建立一个绿色投资事业部或称为"绿色银行"的子公司。笔者认为这些都是可讨论的选项，但建议优先考虑与社会资本合资成立子公司的模式，其好处在于直接在股权层面就可以撬动社会资本，较容易引入新的激励机制，避免受到原有体制的约束。

·借鉴世界银行和亚行的做法，绿色银行的主要资金来源之一是发行中长期绿色免税债券。以类似国家开发银行的评级在市场上获得资金。允许绿色债券的投资者免利息税（如持有者为机构，免所得税和降低营业税），从而将融资成本降低近100个基点。目前政策性金融债券如为个人投资者持有，则对利息收入免征所得税，公募基金持有此类债券等同样免征所得税，而机构投资者利息收入均需缴纳所得税。目前中期（3~5年）国家开发银行和国债利差约150bps，正好反映税收差别。

·绿色银行将会专注于特定行业和项目的融资，主要投资领域包括大型的环保、节能、新能源和清洁交通（包括地铁）项目等。除了绿色贷款之外，绿色银行还应该进行股权投资和担保等其他业务。

·绿色银行应该通过吸引社会资本金、发债、担保、合资进行股权投资等方式发挥较大的政府资金的杠杆作用。争取使政府投入的每一元资本金撬动5~10元的对绿色项目投资的社会资金。

·由于绿色银行的规模大，就可以在环境成本测算、项目评估、风险控制、融资成本控制方面集中最优秀的专业人才和信息资源，令其专业能力的使用达到最大的规模效益。

·贷款业务方面，绿色银行应该加入赤道原则，并建立相关评估机制为商业银行做出表率。

（二）完善财政贴息机制，鼓励绿色贷款

在过去10年中，我国环保部和财政部已经联合运作了"中央财政主要污染物减排专项资金""中央环境保护专项资金"等项目，并制定了对应的管理办法，为部分企业提供贴息，积累了管理经验。但现行贴息政策还面临若干问题：①贴息计划主要针对污染整改、排污控制项目（如燃煤机组脱硫脱硝），意在"堵"住污染，但较少涉及新的环保绿色产业，如清洁能源、清洁煤炭、天然气汽车等；②贴息计划倾向于大型项目，如全国性的环境污染检测项目、核电项目等，中小企业很难获得优惠；③申请贴息手续较为复杂，企业需要出具银行缴息证明之后才能获得贴息补助。

我们建议财政部、发改委应该与银行监管部门和金融机构合作，制订一套科学、有效、便捷的对绿色项目的贴息计划，与现有贴息计划主要不同之处在于：

（1）既支持治污改造项目，又支持新兴绿色产业。短期内制订第一批项目清单，在现有的污染物减排企业的基础上，添加清洁能源、清洁煤炭技术、天然气汽车等内容，并建立定期的效益评估和项目清单修改机制，以保证新的优秀项目和技术能够入选。

（2）在企业规模上，尽可能囊括更多符合标准的中小企业。可以分别针对大型企业和中小型企业设立不同的贴息项目，在贴息力度、优惠条款和审批程序方面进行区分。

（3）鼓励地方财政通过当地的金融机构对本地的绿色项目进行贴息支持。如北京市财政局和交通委在淘汰黄标车时，就对相关企业提供了1~2年的购车贷款财政贴息补助。

（4）贴息资金应该包括一般财政安排，也可以来自对污染行业征收的排污费税以及对能源消耗性行业征收的资源税、碳税收入、汽车牌照拍卖收入等来源所做的定向安排。

（5）在借款企业还款时将贴息部分直接从应付利息中扣除，由财政部门直接拨款到相关银行。根据德国复兴信贷银行的经验，这样的做法是完全可行的。

（三）银行和评级公司在项目评估中引入环境风险因素，建立绿色信贷体系

虽然在2012年银监会已经发布了有关环境风险评估的指引，但其缺乏强制性，各金融机构的执行力度差别很大。我们建议，应该在如下几个方面强化银行对贷款的环境风险控制。①银行对项目和企业的评估过程中应正式引入"环境风险评估"步骤或因子。比如，如果项目涉及大气污染、水资源污染、固体废物等风险，应该要求有量化的影响评估报告，以及对可能的政策变化、今后该企业可能面临的声誉和法律风险有专业意见。对某些行业（如矿业、电力、林业、渔业、垃圾处理、石油天然气、冶炼、化工等行业）的这些评估必须是强制性要求。②银行必须在每年年报中披露全部绿色信贷的相关情况。③银行应参照"赤道原则"和兴业银行的做法，设立专门的环境和社会风险控制部门，对有环境影响的项目进行全流程的管理①。全流程管理应该包括授信业务准入、尽职调查、放款审核、贷后监测四个环节。

其他支持绿色信贷的政策应该包括以下几点。①考虑到绿色项目一般有较长的建设周期，应该适当放宽贷款期限。②应该允许收费权和排污权质押，以提高部分绿色项目贷款的可获得性。③允许部分现金流稳定的绿色贷款、试验资产证券化。④提供多样化的优惠绿色贷款，如清洁能源贷款、环保设备贷款、绿色建筑贷款、新能源汽车贷款等。⑤建议环保部、银监会、证监会等部门共同大力推广赤道原则，提供绿色金融专业化培训。⑥定期评估银行的绿色信贷执行情况，要求银行公开绿色信贷信息，将银行绿色信贷排名作为重要的业绩考察指标。

———————————

① 环境保护部：《中国绿色信贷发展报告》，2012年。

（四）建立公益性的环境成本信息系统，为决策部门和全社会投资者提供依据

缺乏项目的环境成本信息和分析能力，或者取得这些信息的成本过高，是许多有意向参与绿色投资的机构所面临的一个重要瓶颈。我们建议，应该参考Trucost提出的"自然资本负债（Natural Capital Liabilities）"概念，将企业和项目的大气污染排放、水资源消耗、垃圾生成等造成的环境成本尽可能量化，评估这些成本没有被目前市场价格所反映的"外部性"规模。这个环境成本信息系统中应该包括对主要行业、企业、产品的较完整以及不断更新的数据库，并采用比较科学、标准、有可比性、透明度的测算方法。

由于有巨大的社会效益，我们建议这项工作应该由政府（如环境保护部环境规划院、中国社会科学院环境和发展研究中心等）或投资者网络（NGO）来承担，也可以由政府委托专业的咨询公司来承担，通过政府购买服务的形式来实现。其成果（数据库）以准公共产品的形式，用最低成本价提供给社会，尤其是投资者。

建立该信息系统所涉及的若干主要步骤包括以下几个方面。①由环保部门测算并定时提供中国的各项污染物排放清单，并提供各行业、各地区和主要企业的排放量。考量的污染物应该包括：二氧化硫、氮氧化物、PM2.5、PM10、VOC、污水等。②通过投入产出表分解行业上中下游的排放来源。③评估各项污染物的外部性，其中重点在卫生部门帮助下考察健康危害（包括劳动时间缩短和医疗费用等）。④采用"生命周期价值"的方法估计各项外部性的危害。⑤建立全套按行业和主要企业分类的数据库。⑥在此基础上，结合上市公司披露的环境责任情况，可以进一步制作针对主要公司的环境成本测算。

该信息系统的数据一方面可以为政策制定者提供参考，另一方面也可为所有的投资者，包括银行、非银行金融机构、私募基金、非金融企业在分析和投资决策时使用。比如，商业银行在授信决策时就可参考该成本估算的结果，政府也可以在确定价格补贴、资源税、排污费时参考这些成本信息。

（五）在若干领域实行强制性绿色保险

应该参考德国以及其他国家的立法，在更多的领域推行强制绿色保险。我们建议，在2013年初环保部和保监会联合发布的《关于开展环境污染强制责任保险试点工作的指导意见》（以下简称《指导意见》）的基础上，进一步拓宽覆盖领域，尽快上升到法规的层面，并在全国范围内推行。

关于应该参保的行业，除了目前已经强制参保的海洋石油勘探和内河运输行业，《指导意见》已经提出了若干对象。我们认为该文件中提到的行业仍比较局限（重有色金属矿采选业、重有色金属冶炼业、铅蓄电池制造业、皮革及其制品业以及化学原料及化学制品制造业等），主要集中关注了水污染和土壤污染风险。应当强制参保的对象行业还应该包括石油天然气开采、石油化工、热电、煤矿采选、煤化工、钢铁、水泥、塑料、危险品化学品运输处理等行业，实现环境风险企业全覆盖。

关于承保范围，最初可以先针对突发性的环境事件（如石油泄漏等）造成的人身、财产损害建立法规。长期来看，则应当逐步扩展至累积性环境污染损害（如长期废气、废水排放等）。

关于承保机构，主要应该由财产保险公司自愿承保。这些保险公司可单独开设绿色保险部门（业务性质或类似于巨灾保险），这样分散化的保险方式能够利用现有公司的专业技能，也能满足不同地区和行业的差异化需求。当然，在必要的情况下，也可以考虑建立如美国环境保护保险公司这样的专门保险机构。

（六）加快推动碳交易市场发展

碳交易市场是用较小成本达到减排目标的重要机制。根据目前国内试点情况和国际经验，我们的建议是：

1. 加快现有试点进度，2020年前推向全国

根据国家发改委在2013年2月向世界银行提交的国内碳市场设计方案，政府的目标是在2013~2015年间先运行碳市场试点，随后在"十三五"期间建立起一个统一的碳交易市场。而根据目前试点的进度，只有深圳在2013年

开展了正式的交易活动，而且地域性太强。其他城市的试点需要加快，争取在2020年之前整合为一个全国性的市场。

2. 先覆盖7个污染行业，后推向其他行业

目前各试点城市所涵盖的企业范围各不相同。我们建议，在全国推广的过程中首先统一纳入七个总能耗达到1亿吨标准煤的重点行业：煤炭、钢铁、化工、水泥、火电、石化和有色金属。未来交易系统成熟后，再进一步覆盖其他行业，尤其是新能源企业，如风能、太阳能等（参考国外CDM的做法）。如果机制设计得当，新能源企业就能在市场上出售其获得的配额，其效果相当于一种"来自污染者的补贴"，可以为新能源行业带来额外的收入。

3. 根据需求设计配额，总量逐年递减

欧盟碳排放交易制度在运行初期，曾经因为额度设计僵化以及全球金融危机出现配额过剩使交易价格下降为零的情况。我国的碳排放在制度设计中要避免这一问题，应当在配额设计时考虑到未来经济增速放缓、能源弹性系数降低、节能减排技术发展等因素。配额分配方式可以采取无偿获取和有偿拍卖相结合的模式，更好地发挥市场作用并累积相关收入。利用这些收入，加上超排罚款，可为清洁能源行业以及其他环保企业提供补贴。

4. 吸引机构投资者和个人投资者参与，设置"公益会员"账户

适当降低其他非企业投资者（包括机构投资者和个人投资者）的进入门槛，可以起到增加市场流动性和提高公共环保意识的作用。此外，深圳排放权交易所目前试点的"公益账号"具有推广价值。该类会员只能在市场上购买配额但不能卖出配额。公益会员们所买的一吨配额等于进行相应的捐款。由于其参与（增加了需求）提高了配额的价格，使超预期减排的企业（有能力出售配额的企业）可以获益。另外，所有参与企业的实际总排放将会比总配额还少一吨，从而促进总排放量超计划下降。

（七）建立上市公司和发债企业的环境信息披露机制

强制性要求上市公司和发债企业披露环境信息是增强企业的社会责任感、激励其避免污染性投资、加大绿色投资力度的一项"无财政成本"的有

效措施。我们建议，国内的证券交易所应强制要求上市公司和发行债券的企业定期发布社会责任报告，披露其环境影响信息。

关于所披露信息的内容，主要应该包括：①企业的项目或投资对环境产生了或可能产生何种影响；②企业为减少这些影响所做出的努力；③企业在环保节能领域的投入等。具体披露标准可以参照目前国际上通行的ISO14000环境成本披露信息标准。对环境的影响等必须有具体数字进行量化表述，不能停留于抽象的文字描述。

关于披露方式，可以将信息作为上市公司财务报表的附录，也可以在社会责任报告的环境章节中或单独发布环境成本报告。应该争取在一两年内做到全部上市公司达到披露标准。披露范围应当逐步从上市公司扩展到待上市公司，环境披露应成为交易所接受IPO申请的要求之一。对不能达到披露标准或者披露虚假信息的公众企业应制定警告和惩罚措施。

另外，政府应该鼓励民间专业机构对上市公司和发行债券的企业的"环境表现"进行评级和排名。评级的主要内容应该包括减排的成效和对环境法规的执行情况，也可以考虑提供其排放（减排）导致的社会成本增减的信息。这样可以起到类似于财务审计的监督作用，促进披露更透明有效。

（八）成立中国的绿色投资者网络，建立投资者社会责任体系

由国内最大的机构投资者（如社保基金、大型保险公司、主要公募基金）发起，成立中国绿色投资者网络。该网络的主要职责应该包括：

（1）推动机构投资者在投资决策过程中引入环境评估，可以参照联合国负责任投资原则组织的ESG原则，将其补充完善，以更适于中国投资者使用；

（2）督促上市和其他被投资公司承担社会责任和完善信息披露；

（3）推动政府在相关政策上的改变，如强制环境信息披露等；

（4）推动对绿色项目投资的信息共享，投资者互相学习，转变投资理念；

（5）组织与国际上富有经验的相关机构交流经验。

（九）通过环保教育，提高消费者对绿色产品的消费偏好

应该通过环保教育提高消费者的社会责任感，从而提高其对绿色产品的偏好（消费绿色产品的自豪感），降低其对污染产品的偏好。换句话说，要让更多的消费者在即使价格（比非绿色产品）稍高的情况下也倾向于购买绿色产品。具体的做法可以包括对少年儿童进行环保责任的教育，为消费者提供企业的环保信息，树立环保人物榜样，鼓励NGO专业从事环保意识宣传活动，利用公众舆论广泛谴责不环保的消费行为等。另外，大众媒体应该开设专门栏目宣传绿色项目和产品，以帮助提高大众对这些产品的认知度和市场需求。

参考文献

环境保护部.中国绿色信贷发展报告[R].2012.

清科研究中心.2007~2012年中国私募股权投资年度研究报告[R],2007~2012年中国创业投资年度研究报告.

AC Geisinger, From the Ashes of Kelley v. EPA: Framing the Next Step of the CERCLA Lender Liability Debate[J].4 Duke Environmental Law & Policy Forum.1994.

BIS Department for Business Innovation & Skills[R].SME Access to External Finance.2012, P27.

Montgomery，D.Markets in Licenses and Efficient Pollution Control Programs[J]. Journal of Economic Theory,1972: 395-418.

Timothy Simcoe & Michael W. Toffel.Government Green Procurement Spillovers: Evidence from Municipal Building Policies in California[J].Harvard Business School, 2013(9).

Trucost. Environmental Disclosures Summary[J]. 2013(8).

United States v. Maryland Bank & Trust, 632 F. Supp 573(D. Md. 1986).

Green Finance Policy and Its Applications in China

MA Jun

(The People's Bank of China)

SHI Yu

(Deutsche Bank)

Abstract: To curb the unbearable pollution in China, the country has to invest annually about RMB2tr in its environmental, energy saving, and clean energy sectors in the coming five years. However, the current economic system fails to internalize the positive （negative） externality of green （polluting） projects into the corporates/consumers' decision making, and thus leads to over－investment in polluting sectors and under－investment in green sectors. In this article, we construct a theoretical framework for thinking about "green financial policies", review the relevant international experiences and, based on these, propose nine specific policy recommendations for China. These policy recommendations are: ① establish a Green Bank, of which a major funding source will be green bonds; ② improve and expand the interest subsidy program for green loans; ③ incorporating the environmental risk factor into credit ratings; ④ providing sector/company level environmental cost information to policy makers and investors as a semi－public good; ⑤ making green insurance a mandatory requirement in selected sectors; ⑥ promoting the development of a nation－wide carbon trading market; ⑦ making environmental disclosure a mandatory requirement for publicly listed companies and bond issuers; ⑧ establishing green investor networks in China to advocate social responsibility of investors; and ⑨ fostering consumer preference for green products via green education programs.

Keywords: Green Finance, Green Investment, Financial Policy, Fiscal Policy

市场化背景下发行制度改革
需要谨慎前行

◎ 李迅雷　李明亮　陈久红

摘要： 本文对目前新股发行制度存在的问题进行了深入分析，指出新股开闸后暴露的问题是资本市场本身制度设计缺陷和缺乏市场化运行机制导致的。在我国深化经济体制改革、发挥市场决定性作用的大背景下，市场化也是证券市场的必然选择，新股发行制度必然走向注册制。最后，本文对如何改革新股发行制度提出了一系列的政策建议。

关键词： 发行制度　市场化　注册制　老股东

2013年12月31日新股发行重启。从2012年9月下旬至该次重启，本轮新股发行制度改革经历了15个月的酝酿期，不可谓不慎重。但是，因市场质疑声不断，2014年1月16日，新股发行被迫再度暂停！那么，问题究竟出在哪里？下一步该如何走？我们就此提出一些看法和建议，以供参考。毕竟，作为资本市场的一个基础功能，融资功能的正常发挥是资本市场健康运转的一个检验指标，而新股发行制度改革已经成为当前资本市场推进

作者李迅雷系海通证券副总裁兼首席经济学家；李明亮系海通证券研究所高级分析师；陈久红系海通证券研究所高级分析师。

市场化最迫在眉睫的问题。

一、目前新股发行存在的问题

（一）市场化举措和中国资本市场现实状况存在一定距离

在"市场化与法制化"总体原则下，本轮新股发行体制改革呈现向市场化迈进的趋向，在较短的16天内就完成了48家公司的招股发行。但制度设计的初衷和实际运行结果出现了很大的反差，一些始料未及的问题迅速显现，突出暴露了新股发行制度改革的不彻底、不到位。存量发行、承销商自主配售等都是借鉴欧美成熟市场经验而推出的市场化改革举措，制度改革设计的出发点都是为了减少人为干预、实现市场自主运行，这些举措在美国、中国香港等市场实施效果较好，原因在于其新股发行的节奏市场化，不存在新股稀缺的状况，新股定价市场化，以及一、二级市场之间的价差很小。而我国资本市场在大环境缺乏市场化基础上采取这些措施，这些看似市场化的举措将必然导致实施过程成为投机者利用的漏洞，从而炒新之风越发激烈。究其根源，我们不难发现"炒新"是资本市场缺乏市场化运行机制的一个比较突出的体现，最根本的问题在于供求不平衡，而供求不平衡的原因又来自人为因素的干扰。没有市场化的生存土壤存在，新股改革就难以奏效。

新股定价机制应该反映的是市场供求双方的真实意愿，但我国资本市场目前都存在扭曲的定价机制，供求体系也缺乏市场化的土壤。监管机构对发行市盈率的约束在压低新股定价的同时，也给一、二级市场之间的价差提供了保障，机构投资者网下询价、申购时责权不对等统一也使新股定价有漏洞可循，所以新股的稀缺性永远存在。另外，新股发行节奏不符合市场节奏，被人为改变供求关系，"停发—开闸—再停发—再开闸"的开关没有控制在市场手中，因为不是市场主动来调节发行规模，从而导致新股稀缺性的持续和扭曲。所以，此次新股发行暴露出来的问题是资本市场本身制度设计障碍和缺乏市场化运行机制导致的，市场化推进的步伐和资本市场本身不匹配是问题根源所在。

（二）"老股转让"新制度中存在较大漏洞，引发老股东过度套现

此次新股发行制度改革的一个重要举措就是"老股转让"。根据2013年12月2日证监会发布的《首次公开发行股票时公司股东公开发售股份暂行规定》，"公司股东将其持有的股份以公开发行方式一并向投资者发售"就是"老股转让"，公司股东发售股份的发行价格与新股发行价格相同。

"老股转让"制的设计初衷：一是可以增加新上市公司可流通股数量，缓解单只股票上市时可交易份额偏少的状况；二是推动老股东转让股票，可以对买方报高价形成约束，进一步促进买、卖双方充分博弈，促进新股合理定价；三是缓解"超募"问题；四是缓解股票上市后，老股集中解禁对二级市场的影响。然而，现实却没有达到这样的预期目标，反而引发了老股东的过度套现。在48家新股中，根据其公开的招股公告统计，涉及老股转让有39家，存量发行股票共3.97亿股，减持资金111.05亿元，占所有48家募集总金额的50.93%，也就是说存量股减持要略超新股发行筹集的资金规模。

这引起了市场对"老股转让"的存量发行制产生严重质疑。一是老股东套现避开了限售期限的约束。本轮新股改革之前原始股东都有限售期，至少一年，大部分是三年，甚至主动延长到五年，而本次却没有限售期约束。二是老股东套现和修改后的新股发行制度本身有矛盾之处。2013年11月30日证监会发布的《中国证监会关于进一步推进新股发行体制改革的意见》中明确要求，"发行人控股股东、持有发行人股份的董事和高级管理人员应在公开募集及上市文件中公开承诺：所持股票在锁定期满后两年内减持的，其减持价格不低于发行价；公司上市后6个月内如公司股票连续20个交易日的收盘价均低于发行价，或者上市后6个月期末收盘价低于发行价，持有公司股票的锁定期限自动延长至少6个月"。"发行人及其控股股东、公司董事及高级管理人员应在公开募集及上市文件中提出上市后三年内公司股价低于每股净资产时稳定公司股价的预案，预案应包括启动股价稳定措施的具体条件、可能采取的具体措施等。具体措施可以包括发行人回购公司股票，控股股东、公司董事、高级管理人员增持公司股票等。""发行人应当在公开募集及上市文件中披露公开发行前持股5%以上股东的持股意向及减持意向。持股5%以上

股东减持时，须提前三个交易日予以公告。"这些规定的意图明显都是为了约束老股东的减持行为，而发行时老股东的直接减持和上述制度似乎背道而驰。这造成老股东对上市公司未来的发展降低责任感，反映出制度设计存在自我矛盾之处，而老股东利用这些漏洞和矛盾之处，"有章可循"地顺利实现了提前减持和套现的目的。

（三）此次新股发行中部分存在较严重的信息披露问题

新股重启后，暂缓发行的公告连连发布，2014年1月2日、6日、8日和9日，每天都有招股公司发布暂缓发行公告，这种局面史无前例（见图1）。暂缓的主要原因之一就是信息披露问题。发行人、保荐机构、会计师事务所等都要依各自的职责，保证新股发行中信息披露的真实、完整、准确和及时，证监会发行监管部门和发审委依法对发行申请文件和信息披露内容的合法合规性进行审核。而这些暂缓发行的公司都"顺利"地通过了发行人和保荐人等相关机构的层层职责关，也通过了发审委的信息审核关。现有暂缓发行的公司中，有证监会要求暂缓的，也有发行人和主承销商主动提出暂缓的。在停发新股1年多的过程中，排队上市企业经历了多次核查和自我审查之后，这些暂缓发行的公司又经过了发审委的审核才公开发行的股票，这样还暴露出信息披露不充分的问题，说明新股发行各方的披露责任强化仍然不够（见表1）。

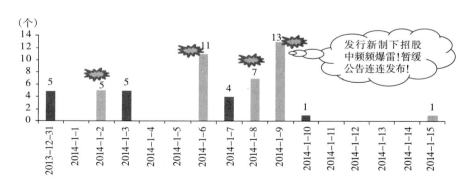

图1　2013年12月31日至2014年1月15日招股数量

资料来源：WIND。

表1 暂缓发行的公司及暂缓发行的原因

公司名称	发审会通过日期	招股日期	发行暂缓结果公告日	暂缓发行的原因
甘肃宏良皮业股份有限公司	2012-5-21	2014-1-9	2014-1-18	被质疑涉嫌严重的财务造假。证监会回应是"将向相关方进行了解"
江苏太平洋石英股份有限公司	2012-6-20	2014-1-8	2014-1-17	发行过程中证监会接到有关信访材料,对公司信息披露提出异议。按照信访处理程序,中介机构需按中国证监会要求进行核查,其后方可根据核查结果决定下一步发行进程。为保护投资者权益,核查期间要求其暂缓发行(证监会新闻发布会信息)
慈铭健康体检管理集团股份有限公司	2012-7-27	2014-1-6	2014-1-13	慈铭股份发行过程中,中国证监会按新股发行体制改革意见和《证券发行与承销管理办法》的要求,调阅了其路演推介材料,并发现其中存在需进一步核实的情形。因此,中国证监会要求发行人和主承销商调整发行进度以待核查完成(证监会新闻发布会信息)
江苏奥赛康药业股份有限公司	2012-7-3	2014-1-2	2014-1-10	奥赛康在完成定价并发布发行公告后,市场出现较多议论,有质疑其定价偏高的,也有质疑其老股转让数量大幅超过新股发行数量,把新股发行上市演变为老股东大额套现的。就此,证监会及时与发行人和主承销商进行沟通,发行人和主承销商暂缓了发行,并随即发布了公告(证监会新闻发布会信息)

资料来源:中国证监会网站、WIND。

（四）各层次的监管力度不够

监管力度薄弱的两个突出现象分别是个别承销商自主配售权使用随意和新股上市后的投机炒作严重。自主配售是本次新股发行改革的另一个亮点,但也由此引发了对于寻租行为的质疑。《中国证监会关于进一步推进新股发行体制改革的意见》提出,"发挥个人投资者参与发行定价的作用。发行人和主承销商应当允许符合条件的个人投资者参与网下定价和网下配售",以及"引入主承销商自主配售机制。网下发行的股票,由主承销商在提供有效报价的投资者中自主选择投资者进行配售。发行人应与主承销商协商确定网下配售原则和方式,并在发行公告中披露。承销商应当按照事先公告的配售原则进行配售"。

本次新股发行,个人投资者如何界定、个人投资者和机构投资者是否一视同仁以及自主配售权的使用等多个方面滋生出寻租现象，较大部分原因是各级监管部门对承销商的监管没有完全到位。各承销商对个人投资者网下申购的要求不一，自主配售的使用更是没有清晰和公开的原则。一组数据对比显示出个人投资者的踊跃参与和实际获配的差距，本轮新股发行过程中参与询价的个人投资者共申报137.39亿股，占整体网下申报1665.21亿股的比重为8.25%。而从配售结果来看，网下获配的总量为13.96亿股，其中个人投资者获配量为9266万股，占总体获配的比重为6.64%。再从网下配售的中签率来看，机构投资者的中签率是8.53‰，而个人投资者的网下中签率是6.74‰。这两组数据对比显示网下配售仍然存在机构占优的现象。个人投资者虽然在网下申购环节表现踊跃，但实际的获配结果却有较大差距。这组数据虽然反映出个人投资者对新股发行公司估值定价缺乏专业研究能力的缺陷，但也不能排除承销商对机构报价的"特殊关照"，有媒体关于机构报价精准到最终招股价的报道也说明承销商的寻租行为。这些都说明各级监管单位对承销商寻租行为没有相应的约束监管，没有给予适当的控制和纠正。

本次新股发行过程中承销商采取自主配售的共9家公司，没有大面积使用自主配售权，这说明券商对这把双刃剑使用得比较谨慎。我武生物、楚天科技、汇中股份和纽威股份实施的自主配售较光洋股份、炬华科技、良信电器、新宝股份和众信旅游的按比例配售要有更大灵活度，而我武生物对某机构100%中签的自主配售也受到了广泛质疑。承销商自主配售权的透明度不够，缺乏公开公正性也成为此次新股发行中市场热烈议论的焦点。自主配售这一市场化改革是新股发行制度改革的重要举措，也是通往新股注册制的台阶。但券商自主配售很可能成为利益输送的合理通道，必须加强券商自律和监管查处力度。

监管力度不够的另一个问题暴露在操控新股股价方面。为了遏制市场炒新的投机行为，深圳证券交易所对涨幅超过20%的新股实行临时停牌1小时，如果复牌后再涨20%，则一直停牌到结束交易前的3分钟。但大部分的新股首日涨幅都在45%左右，也就是两次20%的涨幅叠加，首日交易基本上都处于临时停牌状态，换手很少，次日和再次日的新股继续被推至涨停的比比皆是。我们统计了本轮和新股停发前的2012年新股上市前三个交易日的市场表现，对比如表2所示。

表2　本轮新股和2012年新股上市前三日的市场表现对比

	上市首日平均涨幅（%）	上市首日涨幅在45%附近的家数	上市首日平均换手率（%）	上市次日平均涨幅（%）	上市次日涨幅在10%附近的家数	上市再次日平均涨幅（%）	上市再次日涨停家数
本轮48家新股	42.14	44	13.22	4.80	31	7.11	19
2012年新股	26.77		62.55	−0.77		−0.81	

资料来源：Wind，海通证券研究所。

对比后明显发现，本次新股炒作风潮较以前愈加激烈。上市首日42.14%的涨幅以及44家公司都停留在45%附近的普遍状况，说明了投机行为的热烈。而13.22%的换手率较新股改革之前进一步明显降低。在这样的低换手下新股股价很容易被少量资金所操纵，次日涨停的公司31家以及再次日涨停的19家，都显示出投机行为的成功概率较大。这说明投机资金的行为较为激烈，相应的监管部门对这类投资者的监管和查处力度还有待加强。

二、注册制改革的理论基础

政府与市场的关系一直是经济学界讨论的热门话题。审核制、核准制和注册制三种发行监管制度也正是证券发行市场中政府与市场关系博弈后产生的制度。其中，审批制是典型的计划经济管理手段，注册制是完全市场化的发行机制，核准制要求证券监管机构对公司投资价值进行实质审查，也体现了行政权力参与证券发行、"有形之手"干预发行市场。

关于政府与市场的关系，学术界观点主要分为两派，即凯恩斯主义的"政府干预理论"和亚当·斯密的"市场自由主义理论"。前者认为，市场的某些特性致使"市场失灵"，不能完全有效地进行资源配置和社会福利的最大化，需要政府积极地干预市场。后者认为，市场这只"看不见的手"能够自主实现社会资源的有效配置及社会福利的最大化，政府只需扮演好"看门人"的角色，给予公民追求自利的自由，保证经济活动依法有序地进行。

但尽管政府干预为弥补"市场失灵"、提高资源配置效率提供了可能性，但政府这只"有形的手"同样也存在"失灵"的可能，学术界已有的众多研究为此提供了证据。国外文献中，Shleifer & Vishny（1993）、Rajan & Zingales（2003）都认为由于政府自下而上获取知识和信息的途径比较闭塞，一些寻租行为、裙带关系、腐败现象难以根本避免，由此社会福利最大化的目标往往出现偏差，政府这只"看得见的手"不见得是帮助之手，而可能成为攫取之手，其做好事之本意也被歪曲。事实上，20世纪70年代发达国家"滞胀"现象的爆发就是"政府失灵"的集中表现。其后欧洲各国纷纷减少干预，更多地发挥市场机制作用。与"市场失灵"一样，政府的干预行为也存在局限性，"市场失灵"所产生的问题也不一定是政府能够解决的。第一，所谓政府干预的有效性，是建立在政府行为的目标与社会福利最大化一致的假设基础上的。然而，政府职能的执行者们并不一定以此为行动目标，其经济人的性质决定了他们以自身利益为重，由此导致目标函数的差异。第二，正如上文所述，政府所掌握的信息存在信息不对称，依据不完全信息所做出的决策也往往难以达到预期目标。第三，政府的强制性决定了其降低成本、提高效率的积极性，这是政府失灵的关键原因。第四，寻租、利益输送等行为有损公众利益，寻租的主要危害在于它"不仅使生产经营者提高经济效率的动力消失，而且还极易导致整个经济资源大量地耗费于寻租活动，并且通过贿赂和宗派活动增加经济中的交易费用"。

因此，在现实经济中，"市场失灵"和"政府失灵"是并存的。"市场失灵"主要表现为市场竞争的不完全性使资源配置有效性降低、市场行为的外部性可产生负面效应、市场不能保证公共物品的供给。"政府失灵"则通常出现以下情况：政府干预效果不及预期、政府干预的低效率、政府干预的负面效应。

正是鉴于"市场失灵"和"政府失灵"并存的现实,"有形的手"和"无形的手"必须是并用的,它们各自作用于相应的领域,这也是由政府与市场各自的性质和功能决定的。政府的公共性和强制性决定了其功能在于:提供公共物品,建立和维护市场秩序,在"市场失灵"时实施宏观调控,进行收入分配和再分配、实现公正分配。相对地,市场则是由微观主体分散决策的,并通过供需变化,实现要素资源优化配置和优胜劣汰竞争。因此,市场使得微观主体的运作与社会资源的优化配置得到统一,其最主要的功能就是在资源配置中发挥基础性作用。

以上分析表明,经济的发展离不开市场这只"看不见的手"和政府这只"有形的手",两者不可相互越位。市场承担资源配置最基础性的作用,政府则承担公共政策的制定与维护;市场主要提供私人物品,政府主要提供公共物品。

对处于经济转型的中国来说,正确处理政府与市场的关系是经济发展的关键,也是金融市场发挥为实体经济服务功能的关键。如谭劲松等(2012)的研究表明,法制环境对不良贷款的产生具有抑制作用,但国有企业性质的存在恰恰削弱了这种抑制作用,市场化程度越高的地区,不良贷款越少。王勇等(2013)也发现政府过度干预增加了企业的税费负担和非生产性支出,弱化了现金持有的竞争效应。众多关于国内证券市场的经验证据也基本认为政府干预对上市公司产生负面影响。如田利辉(2005)、Wang et al.(2005)和 Fan et al.(2007)发现,政府干预对上市公司的公司治理与绩效具有负面影响,并会导致企业的机会主义行为;夏立军和方轶强(2005)认为政府干预恶化了上市公司的治理环境,进而对公司价值产生负面影响;屈文洲等(2008)发现与市场化情况相比,政府干预造成流通股东利益的流失;鲁海帆(2009)的研究表明政府干预程度较高的上市公司实施多元化经营,会导致更为严重的多元化折价问题;唐雪松等(2010)认为地方政府干预导致了地方国企过度投资,且市场化进程越低的地区该问题越严重。这些经验证据都表明,政府对证券市场的干预具有负面效应。

证券市场是一个能够利用价格机制达到供需平衡的市场,融资者们通过信息披露、投资者们通过用脚投票来进行投融资匹配和资源的有效配置。且基于证券市场为实体经济服务的原则，在我国深化经济体制改革、发挥市场决定性作用的大背景下，市场化也是证券市场的必然选择，新股发行制度必然走向注册制。

三、关于新股发行制度改革的政策建议

（一）坚持市场化的改革方向

坚持市场化、法制化的大方向不动摇，综合施策，标本兼治，为未来推进并实现发行注册制做足准备和铺垫是当前新股发行改革的重要目标。坚定不移地推行市场化才是中国股市突破困境的唯一出路。只有通过深化体制改革，让市场在资源配置过程中起决定性作用，才能医治中国股市的顽疾；只有以市场化为前提，提高监管能力和水平，规范上市公司信息披露，惩戒违法乱纪的相关责任人，资本市场才能够健康有序地发展。

中国共产党的十八届三中全会明确提出了"推进股票发行注册制改革"的要求，这当是我国新股发行体制改革的最高目标。虽然现状距离此目标尚远，但是锁定这一远期目标，当前的新股发行改革才能更有方向。现在推进的所有改革措施必须围绕这一最高目标进行，有的放矢。证监会在《关于进一步推进新股发行体制改革的意见》中提出的"市场化、法制化取向"和"综合施策、标本兼治"的大原则，也与这一目标相符。在当前新股发行体制改革的过程中，应当加大宣传力度，尽最大可能提升发行人、承销商以及新老股东等利益群体的认知高度，清楚地认识新股改革方向的大局和大趋势。

注册制是我国新股发行审核制度的发展方向，我国应朝着注册制的方向逐步过渡。但同时指出，从我国的现实情况来看，我国尚不具备实行注册制的条件，还需要一个逐渐完善的过程。

逐步落实"发行监管"与"上市监管"的程序分离，将由证监会实行的上市审核权交还由证券交易所行使，证监会只行使涉及新股公开发行的注册

核准，充分还原证券监督机关只负责行使监督博弈公平的外部监管的角色定位，任何有关证券本身及其交易价值的评判均交还由市场决定。

证监会的行政监管侧重于制订信息披露的指导性文件，规范发行人信息披露的范围、格式和披露程度，负责对发行文件所含信息披露的合规审核，审阅发行文件是否符合信息披露的规范化要求。

证券交易所将对上市申请文件的所有信息披露内容进行实质性审查，交易所在上市申请审查中可以主动查证或要求发行人充分证明申请文件所含内容的合规性与法律风险，并且可根据自我验证、过往审核经验以及对发行人业务模式的主观判断决定是否接受发行人的上市申请。

新股定价应该由市场来定价，由承销商唱主角，加快完善市场基础，提高市场有效性，并切实让监管部门和承销商回归本位。监管部门应集中精力加强监管，新股发行询价真正由证券承销商来主导，同时，券商与机构投资者也应加强对企业估值的研究，努力提高新股定价水平。累计询价制度是目前国际上主流的IPO发行定价方式，其长久的生命力说明了这种制度的优越性。这种制度的基本出发点是由市场来决定新股的发行价格。

（二）完善法制环境和诚信制度，为新股发行制度改革提供重要保障

发行审核制度本身无法离开基础法律制度和法制环境的完善而独自完善。即使是市场化程度较高的注册制也离不开政府的适度干预，更离不开法律责任体系的有效运作，而加强了主管机构监管的核准制也是将法律责任体系与实质审核并举，用以保障市场游戏规则得到遵守。因此，加强市场化的约束机制并不是盲目崇拜市场自由论，激进地取消实质审核，而是应当遵循注册制所指出的市场化改革的方向，以充分的信息披露为导向，提高发行效率，同时建立健全法律责任体系，完善事后责任的追究机制。提高民事法律责任在责任体系中的地位，发挥其核心作用。确立民事责任在法律责任体系中的核心地位，提高民事责任规范的层级，细化相关规定，加强与配套法律法规的衔接，构建一个畅通的、完整的法律责任追究和惩戒机制。诚实信用作为一项抽象的基本的法律原则，需要落实到具体

制度中才能发挥对市场主体的市场化约束作用，所以一套行之有效的诚信约束监督机制的建立十分必要。

（三）进一步完善我国现行的新股发行审核制度

核准制转为注册制可能需要一个很长的时间，在此期间，我们需要对核准制进行逐步的完善和改革，改革的具体方向和措施可以从以下几个方面着手。

优化股票公开发行的审核标准。随着我国新股发行审核制度改革的深入，需要对《首次公开发行股票并上市管理办法》所涉及的新股发行的审核标准进行适当优化，并建立多种指标体系以满足不同类型的公司的上市要求，丰富不同层次的资本市场，接纳更多类型的公司进入资本市场融资，发挥资本市场的功能。

加大发行审核的信息公开力度。根据"三公"原则，进一步加大信息公开的力度，进一步加大行政立法与专门监督的力度，使信息公开的标准和内容更加规范，审核的过程和结果更加透明，公开发行人的相关资料及证监会的审核结果，从而有利于投资者对上市公司进行监督和判断股票的投资价值。

证监会要逐渐将工作重心转移到事后监督方面上来。证监会在脱离了对IPO的行政审批之后，要将职能切实转到对上市公司的监督上来，才能站在一个更加公平的角度，发现资本市场中的各种问题，真正地对中国的资本市场进行更加有力的监督，建立一个健康的资本市场体系，充分发挥有效的监管职能。

建立一个对券商、保荐人、投行等机构和个人的评级系统，来考察这些机构和个人的成绩。接受大众的监督，投资者也可以根据这些公开的信用评级指标来选择投资哪家公司的股票，从而使市场和广大投资者"用脚投票"的作用得到充分的发挥。

进一步完善询价制度。一是适当提高网下发行比例。香港市场上，最多可以有90%的股票向机构配售。因此，我国内地可以考虑通过增加网下发行比例来加强对询价机构报价的约束力。二是赋予主承销商一定程度的股票自主配售权。境外市场中主承销商拥有自主配售权是累计投标制度成功的关键因素之一。我国可以先从一个较低的比例开始,尝试所谓的"价优者得",从而实现对定价更有效的引导。

强化对询价机构的监督。一是强化证券公司责任,应进一步强化保荐人的责任,督促主承销商在发行定价过程中勤勉尽责,充分发挥作用;二是建立询价对象问责机制,通过参与新股发行询价人员的市场化、询价过程的公开化及询价之后的责任化建立询价对象问责机制;三是初步询价与累计投标询价合并,以此规范机构投资者在询价和新股申购时出价的一致性,增强价格区间的合理性,减少故意扭曲发行价的动力和空间。

加大对主承销商的监控和约束。发达国家市场上,通常绝大部分新股由机构认购,这对机构报价的约束力是比较强的。因此,一是要提高定价能力,并且引导理性竞价,为市场提供高质量的投资价值研究报告;二是要加大对主承销商的监控力度,对承销过度包装、提供的资料不实等行为要加大惩处力度。

建立严格的退市制度。我国需要建立严格的退市制度,以此作为新股发行审核制度改革的保障。通过退市制度,可以将不合格的上市公司淘汰出资本市场,以此促进资本市场的良性发展,这也是将退市制度称作"过滤器"的原因之一。如果只有上市而罕见企业退市,那么市场就会缺少企业健康的源泉,上市的优质企业必然缺乏治理之动力。

(四)在改革全面推进前,考虑小批量试验,反复检验试错、纠正可能暗藏的漏洞,然后大面积正式推进

新股发行改革关系重大,当谨慎推进,在新制度全面铺开前,考虑小批量试验。毕竟纸面上的论证和口头上的调研与现实的运作往往有一定的差异,有时候还差异甚大,很多结果可能是在纸上谈兵时所始料不及的。此轮新股发行体制改革,虽然管理层高度重视,与各方反复求证与调研,经过了长达一年多的酝酿(从2012年9月29日至2013年12月30日),但仍然出现了一些始料不及的问题。我们认为,在大量企业急于招股发行上市的

状态下，新的发行配售制度一下全面推行若有失当，市场影响会比较严重，甚至会动摇投资者对一级市场"公开、公平、公正"的信心，从而会对后续的改革造成更大的压力。因此，我们建议尝试小批量试验的方法，反复检验试错，稳打稳扎，改革大事，筑基为上，没有问题再全面铺开，否则可能"欲速不达"。

（五）建议对不归位尽责的发行人、保荐人等的事后问责制，依法罚处，发审委也要严把发行审核关，以切实措施，加强并真正落实"全过程监管"

信息披露问题也是本次新股招股中出现的最大问题之一。新股发行过程中信息披露是否真实完善，至关重要，会涉及各方利益，尤其是普通投资者的利益。发行人、保荐机构、会计师事务所等都要依各自的职责保证新股发行中信息披露的真实、完整、准确和及时，证监会发行监管部门和发审委依法对发行申请文件和信息披露内容的合法合规性进行审核。新股发行审核是以信息披露为中心，可以说也是决定新股发行最终是否顺利的重要起始环节。因此，不仅应该加强事后监管，同时也应该加强事前和事中的各级责任关与审核关，要以切实措施，真正加强"全过程监管"，且建议"全过程监管"制度化与常态化，并依法问责。这也是未来推进发行注册制所必需的关键一步。如果现在没有建立"全过程"充分完整的信息披露制度，哪一个环节有纰漏，完善现有的核准制以及未来推进注册制都将是一句空洞口号。

（六）在新股招股发行还未完全市场化的背景下，"老股转让"却率先"市场化"，弊大于利，建议暂停"老股转让"

此轮新股发行后暴露出来最严重的异状，也是市场最为诟病的，除了信息披露有问题外，最抢眼的就是"老股转让"问题（见表3）。

我们建议，现在"老股转让"，弊大于利，建议采取不急躁冒进的稳妥做法，暂停"老股转让"，以待市场真正成熟。理由有：

第一，现在新股发行体制的市场化程度不高，不具备"市场化"的

"老股转让"的市场环境。借助资本市场进行老股转让本无可厚非，也是成熟市场的通常做法。但是问题在于我们的市场是否成熟？我国证券发行市场还是非完全市场化的"审核制时代"，新股发行市场并没有完全市场化，在这个非完全市场化的环境中率先推进"市场化形式"的老股转让可能过早。

第二，新制中关于"老股转让"的"种种考虑"是经不起推敲的，这也是广大普通投资者难以接受的原因。按证监会的提法，此次"老股转让"的推出，主要考虑在于：①缓解股票上市时可交易股份偏少的状况，增加股票流动性；②促进买、卖双方充分博弈，约束买方报高价，促进新股合理定价；③缓解股票上市后老股集中解禁对二级市场的影响。同时，也意图解决市场一直诟病的所谓超募问题。

具体来分析，这三点都是似是而非的。其一，我国新股上市时，现实中很少有缺乏流动性的情况。其二，新股定价是否合理，与"老股转让"并没有直接的必然关系。38家公司已经实行"老股转让"了，其新股定价就真的合理了吗？其三，从现实来看，老股集中解禁已有若干年，很少对目前市值规模庞大的二级市场造成明显不利的影响，将此作为首发时实施"老股转让"的理由不够充分。

表3 关于"老股转让"规则及其推行后出现的现实情形

进 程	"老股转让"规则及其推行过程中基本情况跟踪
新的细则出台	2013年12月2日，证监会发布《首次公开发行股票时公司股东公开发售股份暂行规定》，首次明确"老股转让"细则
现实首例典型做法	2014年1月2日，奥赛康招股，1月9日公告发行定价为72.99元/股，相比2012年摊薄后市盈率为67倍，发行股份5546.6万股，其中新股1186.25万股，老股转让4360.35万股，老股转让是新股的3.68倍
被市场严重质疑	2014年1月10日被质疑其老股转让数量大幅超过新股发行数量，把新股发行上市演变为老股东大额套现的都被暂缓发行至今（2014年3月6日）
证监会正在研究改进措施	2014年1月17日在证监会新闻发布会上，证监会称"把新股发行数量与募投项目资金需求量直接强制挂钩不尽合理。对此，我们正在研究改进措施"。"首次公开发行股票应主要考虑公司发展需要，对老股转让在公开发行股份中所占比例应有限制"
市场期待改进措施	等待"老股转让"规则的改进措施

资料来源：海通证券研究所整理，中国证监会网站。

第三，"老股转让"反而可能成为部分企业老股东为了自身利益，以各种方式和手段推动企业冒险违规招股发行上市的制度诱因。

（七）投资银行工作重心需要作重大转变

即由以迎合监管机构需要为中心向为满足各投资者披露需要为中心转变。投资银行应该重视发行人的内部控制，因为企业内部控制的有效性决定了发行信息披露的真实性和可靠性。

参考文献

奥斯特罗姆、菲尼、皮希特.制度分析与发展的反思一间题与抉择[M],商务印书馆,1992.

鲁海帆.政府干预与上市公司多元化折价实证研究[J].山西财经大学学报，2009（6）.

屈文洲、许年行、关家雄、吴世农.市场化、政府干预与股票流动性溢价的分配[J].经济研究，2008（4）.

谭劲松、简宇寅、陈颖.政府干预与不良贷款：以某国有商业银行1988~2005年的数据为例[J].管理世界，2012（7）.

唐雪松、周晓苏、马如静.政府干预、GDP增长与地方国企过度投资[J].金融研究，2010（8）.

田利辉.国有股权对上市公司绩效影响的U型曲线和政府股东两手论[J].经济研究，2005（10）.

夏立军、方轶强.政府控制、治理环境与公司价值：来自中国证券市场的经验证据[J].经济研究，2005（5）.

王勇、刘志远、郑海东.政府干预与地方国有企业市场竞争力：基于现金持有竞争效应视角[J].经济与管理研究，2013（8）.

Fan, J., Wong, T. J., and Zhang, T., Politically Connected CEOs, Corporate Governance, and Post IPO Performance of China, Journal of Financial Economics, 2007, Vol. 84, pp. 330 – 357.

Rajan, R., & Zingales, L., Saving Capitalism from the Capitalists, Crown Business Division of Random House, New York, 2003.

Shleifer, A., & Vishny, R., Corruption, Quarterly Journal of Economics, 1993, Vol. 108, pp. 599– 617.

Wang, Q., Wong, T.J., and Xia, L., State Ownership, the Institutional Environment and Auditor Choice: Evidence from China, 2006, working paper, The Chinese University of Hong Kong.

Be Cautious to Promote the IPO System Reform in the Context of Marketization

LI Xunlei, LI Mingliang, CHEN Jiuhong

（Haitong Securities Co., LTD）

Abstract: This paper thoroughly analyzes the problems existing in the IPO system, and points out that the problems exposing after new shares issued are totally caused by the capital market system design defects in itself and the lack of market operation mechanism. Under the background of deepening reform of economic structure and market playing decisive roles, marketization is also an inevitable choice for the securities market, and the IPO system is destined to be registration system. Then we put forward a series of policy suggestions on the IPO system reform.

Keywords: IPO system, Marketization, Registration System, Old Shareholders

我国股票发行注册制改革：
问题、路径与过渡期政策研究
——基于国际比较与中国实践的思考

◎ 宋国良 刘志丹 黄大康

摘要：2013年11月，证监会高调启动注册制改革，新股发行机制改革成为政府及业界颇为关注的话题，未来我国究竟是走向注册制还是保持当前的核准制，直接决定了我国股票市场乃至资本市场的发展方向。本文首先对比分析国际上两种常用股票发行制度的优劣，同时总结了我国各阶段股票发行机制的特点以及经验，进而从发行过程中不同参与主体的角度，对我国新股发行当前存在的问题及瓶颈进行探讨，进行综合分析并给出过渡期的政策建议，从而进行了对中国特色的注册制的探索。

关键词：注册制 核准制 国际比较 过渡期政策

作者宋国良系对外经济贸易大学金融产品与投资研究中心主任、经济学博士；刘志丹、黄大康系对外经济贸易大学金融学院学生。

2013年11月15日，十八届三中全会《决定》明确指出"要推进股票发行注册制改革"，11月30日，证监会就发布了《关于进一步推进新股发行体制改革的意见》，高调启动注册制改革，停摆一年多的IPO得以重启。然而2014年新股发行重启仅一个多月就暴露出大量问题，如券商寻租、"三高"加剧、存量老股高价套现、操纵股价恶意圈钱等问题接踵而来，证监会"被迫"放缓进度。

股票发行制度的改革不能靠推行注册制的"单兵突进"，改革也不是一蹴而就的大跃进，而是多部门协同稳步推进的过程，是一项复杂的系统工程，即使在市场经济体系发达的美国，注册制也经历了长期探索。因此，认清我国现状，研究与探索适合中国国情的新股发行体制改革的路径和过渡期政策安排，是一个迫在眉睫的问题。

一、典型发行制度概念界定及其比较[①]

（一）相关概念界定

股票发行审核制度通常包括审批制、核准制和注册制三种，目前国际成熟市场通行的股票发行审核制度主要指核准制与注册制，通常认为两者最核心的区别在于是否对拟发行股票进行实质审查。事实上，实质审查具有双层含义：一是审批机关对披露内容的真实性做出判断，二是审批机关对披露内容的投资价值做出判断，通常所指仅包括第二种。

所谓审批制，是指一国在股票市场的发展初期，为了维护上市公司的稳定和平衡复杂的社会经济关系，采用行政计划的办法分配股票发行的指标和额度，由地方或行业主管部门根据指标推荐企业发行股票的一种发行制度。如果取得了指标和额度，就等于取得了保荐，股票发行仅仅是形式。因此，行政审批制下公司发行股票的竞争焦点主要是争夺股票发行指标和额度。

---

① 部分定义引自中国证监会网站。

　　所谓核准制，是指在证券发行人申请发行证券时，不仅要符合《公司法》和《证券法》规定的条件，公开披露所有与发行证券有关的信息，而且要求发行人将发行申请报送监管部门，由证券监管部门进行实质性审核，并有权根据国家政策否决不符合实质条件的证券发行申请。

　　所谓注册制，是指在市场化程度较高的成熟股票市场普遍采用的一种发行制度。证券监管部门公布股票发行的必要条件，只要达到所公布条件要求的企业即可发行股票。发行人申请发行股票时，必须依法将公开的各种资料完全准确地向证券监管机构申报。证券监管机构的职责是对申报文件的真实性、准确性、完整性和及时性做合规性的形式审查，而将发行公司的质量留给证券中介机构来判断和决定。这种股票发行制度对发行人、证券中介机构和投资者的要求都比较高。

（二）核准制与注册制的比较

　　较中国在公元2000年以前实行的行政审批制而言，核准制取消了指标和额度管理，引进中介机构判断企业是否满足股票发行条件，同时，监管机构对股票发行的合规性和投资价值进行实质审查，有权否决股票发行的申请。而注册制则更进一步，监管层直接放手让市场自身进行价值判断，把监管重点放在信息披露监管及事后监管和查处违法违规方面，表1和表2为审批制、核准制与注册制更明晰的比较。

表1　三种发行制度的比较

项目	审批制	核准制	注册制
发行指标、额度	有	无	无
发行上市标准	有	有	无
主要推荐人	主管部门政府或行业	中介机构	中介机构
对发行做实质判断的主体	证监会	中介机构、证监会	中介机构
发行监管性质	证监会实质性审核	中介机构和证监会分担实质性审核职责	中介机构实质性审核、证监会形式审核

资料来源：证监会网站。

表2　核准制与注册制的利弊比较

制度名称	企业良莠由谁判断	优点	缺点	使用环境	代表国家和地区
核准制	政府／监管部门	(1)实质和形式双重审核，发行股票质量高 (2)防止劣质股入市，保护投资者	(1)不利于新兴产业发展 (2)投资者易产生依赖心理，忽视风险 (3)监管部门负荷过重，易出现"寻租"行为	法律法规尚不完善、市场不够成熟、投资理念尚未完全建立的新型国家	英国、德国、中国香港、中国台湾(2006年以前)、中国大陆(2001年至今)
注册制	市场／投资者自身	(1)发挥中介机构功能，利于企业融资 (2)减少投资者对政府的依赖 (3)机会均等，市场选择	(1)发行门槛低，导致股票质量下降 (2)投资者利益易受损伤	法规完善、市场成熟、投资理念健全	美国、日本、中国台湾(2006年至今)

二、国际成熟市场的制度研究

（一）英国：双重审核的核准制

英国的发行与上市审核制度比较特殊。在英国，发行和上市是分离的。如果一家公司仅想发行股票而并不想让其股票在交易所交易，那么它就不需要进行实质性审核。如果一家公司希望其股票在交易所上市，那么它就要受到英国上市委员会和伦敦证券交易所的双重审核。这双重审核都包含实质审核的内容。也就是说，英国上市委员会和伦敦证券交易所都会对公司的赢利、行业前景、管理等提出要求和门槛。而如果通过了双重审核，则可以在伦敦证券交易所上市。

在伦敦证券交易所最近推出的AIM板块交易的股票，严格意义上来说并不是上市的股票，但是由于通过了伦敦证券交易所的"交易审核"，取得了"交易许可证"，则可以在伦敦证券交易所的AIM板块交易。对这些公司，伦敦证券交易所全权进行审核，其审核要求包括形式审核和实质审核。

（二）美国：联邦"注册制"与各州（或各交易所）的"核准制"并行

多数国内学者认为美国是典型的注册制，但现实并非如此。美国新股发行和上市的审核主体有很多，包括联邦范围内的美国证监会（SEC）、每个州各自的证券监管部门以及各个证券交易所。这些部门的监管权责和范围各有不同。SEC审核在所有地区发行的证券，各个州的监管部门只负责审核在本州发行的证券，各个交易所则只负责审核在本交易所交易的证券。

SEC的法律依据主要是1933年《证券法》、1934年《证券交易法》、2002年《萨班斯－奥克斯利法案》，以及最近颁布的《多德－弗兰克法案》。各个州证券监管部门的依据主要是各州颁布的证券监管法案，这些法案被统称为《蓝天法》（Blue-Sky Law），但差异较大。1996年美国颁布了《国家证券市场改进法》，该法案规定了某些在全国市场发行的证券不受各州证券监管部门监管。每家交易所对证券上市审核的原则是根据它们自己确立的规则而定的。

每个部门对新股发行和上市的审核内容差异非常大。SEC的审核主要依据的是"信息披露原则"，原则上不对公司的赢利、管理等实质性内容设置门槛，通常被称为"注册制"。各个州和交易所上市的要求可以包括公司信息披露以及公司的赢利、销售额、利润增长状况等。例如，NYSE的上市要求中包括对公司实质内容的审核，实为"核准制"。有些公司的证券发行可以获得一些审核的豁免。例如，1996年颁布的《国家证券市场改进法》就规定了在NYSE、NASDAQ、AMEX等全国性的交易场所上市的公司，以及国债、市政债等可以取得州一级审核的豁免权。而1933年的《证券法》则规定仅在一个州交易的证券、交易额比较小的证券以及交易者范围仅限于某些机构的证券，不需要受到SEC的发行审核。这一套发行的审核体系避免了很多重复手续，简化了程序。

美国式的注册制强调投资者的公平参与，通过促进平等交易保护公众投资者，而非替投资者做出选择的"因噎废食型"监管。

（三）日本：注册制

目前，日本股票发行的主管机关为金融厅，并主要由金融厅所设的督察局负责。根据日本《金融商品交易法》第8条和第9条可知，日本的股票发行申报书由内阁总理大臣受理并于15日内产生效力，若申报书形式不完备或重要事项记载不充分，则内阁总理大臣可命令申报人提交订正书。日本的注册制主要贯彻市场经济的自由原则，主管机关对企业的审核只强调公开和形式审查原则，而对其投资价值并不作实质性判断。

总之，尽管国际上成熟市场采取不同的发行机制，但其共同点都在于对信息披露的严格要求，即使只进行形式审核的注册制，前提也是企业拟发行证券的相关信息完全公开，而且正是由于仅有形式审查，所以这些国家对信息披露的要求更严格，对企业的财务真实性等要求也更高。

三、我国股票发行制度的改革历程

我国的股票发行机制目前已经历过两种体制：审批制和核准制，具体细分为3个阶段，即审批制、通道制和保荐制。

（一）审批制阶段（1993~1999年）：政府控制发行的数量及质量

我国的股票发行机制改革与我国的资本市场改革甚至整体经济改革紧密相连。1990年我国才允许建立证券交易所，1992年才设立证监会，同年刚刚提出"建立社会主义市场经济体制"的改革目标，加之当时发行人、中介机构、投资者均不成熟，不能充分认识资本市场的规则和自身的权利义务，此时的资本市场一如嗷嗷待哺的婴孩，股市被恶意操纵，暴涨暴跌，需要政府通过审批制对其加以约束。1993年4月25日，国务院颁布《股票发行与交易管理暂行条例》，审批制正式确立。

审批制只要求发行人进行一般信息披露，由证监会根据经济发展和市场情况确定当年股票发行总规模，并经国务院批准后下达给国家计委，国家计委再根据各地各行业的地位和需求进行额度分配，各级政府或中央部委进行企业推荐后，企业首先经各地政府或中央部委进行申请，批准后由证监会对企业进行实质审查，企业的质量、发股规模、发股价格，甚至发股时间等均由证监会做出安排，行政干预特征明显。这种"行政审批制"实质上是"配额制"，总配额由国家计委掌握，再将配额分发给各省级政府、行业主管部委，甚至国家计生委、团中央也可以申请到配额，然后像"撒胡椒面"一样分发到排队的拟上市企业。后期相当一些配额用于国企解困，各地区、部门的"配额"权力寻租现象也时有发生。

为了扩大新股发行规模，提高上市公司的质量，1996年国务院证券委员会公布《关于1996年全国证券期货工作安排意见》，提出"总量控制、限报家数"的指标管理办法，此时的股票发行总规模由计委和证券委共同制确定，并增加了拟发行公司经由证监会预选的程序。

(二) 通道制阶段（2000~2003年）：机构内部排队发行

随着全国性资本市场的形成和扩大，中介机构也不断增加，与此同时，相关法律体系初步形成，审批制的弊端日益明显，企业行政化、规模小、易被操纵、中介职能错位、寻租行为等阻碍着国内资本市场的完善。2001年3月17日，证监会宣布取消审批制，正式实施股票发行核准制下的"通道制"，即具有主承销资格的证券公司拥有2~8条通道，一条通道一次只能推荐一家企业，核准后才能申报下一家，"过会一家，递增一家"（2001年6月24日又调整为"发行一家，递增一家"）。

"通道制"表明企业能否上市不再取决于行政分配，而取决于企业自身质量，指标分配法改为主承销商推荐、发审委表决、证监会核准的办法，这是股票发行制度由计划机制向市场机制转变的一项重大改革，由于预选拟上市公司的权力交给了证券公司，券商内部寻租也时有发生。

"通道制"虽然改变了行政机制遴选发行人的做法，但是其"名额有限"的特点未变，因此，该制度并不能解决上市资源的供不应求问题。同时，最多8条通道的限制带有平均主义色彩。另外，通道制对券商的风险约束仍然不足，因此，通道制只是核准制的初期形式。

（三）保荐制阶段（2004 年至今）：机构连带责任

2003 年 12 月，为适应市场需求并深化股票发行制度改革，证监会推出《证券发行上市保荐制度暂行办法》等法规，2004 年 2 月保荐制正式实施。保荐制是指有资格的保荐人推荐符合条件的企业公开发行证券和上市，并对所推荐的发行人的信息披露质量及所做承诺提供持续训示、督促、辅导、指导和信用担保的制度。保荐制度的重点在于明确保荐机构和保荐代表人的责任，建立责任追究机制，较"通道制"而言，保荐制增加了连带责任。保荐人的保荐责任期包括发行上市全过程及上市后的一段时期（如两个会计年度）。保荐制促使证券公司的内控制度逐步建立和完善，逐步增强风险和责任意识。

四、现阶段我国新股发行面临的主要问题及瓶颈

新股发行市场在长时间内存在许多难以消除的问题。我国自 2006 年以来，进行了多次新股发行的改革，但改革的效果不够明显，2013 年 11 月，中国政府提出推进股票发行注册制改革。该次新股发行体制改革是我国向注册制改革转变的关键转折点，其目的在于完成股市转型，逐渐向成熟市场靠近。自主配售、存量发行等系列政策均彰显出改革的市场化导向。这些调整在一定程度上解决了我国新股发行的留存问题。然而从新股发行的效果上来看，该次市场化改革过程仍问题频出，主要集中在以下几点：部分企业股价定价过高，"三高"现象仍然严重，存量老股转让比例过大，信息披露依然不充分甚至存在虚假披露，新股配售过程中存在寻租、利益输送和暗箱操作等。

针对我国在新股发行体制改革中存在的问题，笔者按照证券市场参与主体进行分类，对问题进行深入分析，市场参与主体分为四类：监管者、发行人、中介机构及市场投资者。

（一）监管者：发行审核制度改革方向的主导者

我国的监管者主要指证监会和发审委等新股发行相关的监督管理部门。监管者将起到掌控全局、主导发行制度改革方向的作用，其面临的问题和矛

盾如下：

1. 存在的问题

"放"与"管"存在失衡，监管及执法范围和力度未跟上权力下放的脚步，企业违规风险及成本低。自十八届三中全会以来，监管部门逐渐将股票价值判断权力交给市场，同时放宽股票发行的实质性要求，加快发行节奏。这一系列"放"的变化确实在一定程度上有利于市场化的加速，增进资源配置效率。然而，监管部门的"管"却并未落实到位，监管范围局限在重大违法行为，而对信息不对称现象及内幕交易现象等违法违规行为，监管者经常是力不从心。另外，对违规违法行为的处罚力度，相对违法者的巨额利润来说显得过轻，违规违法行为的成本较低，容易导致企业和中介机构铤而走险。也正是由于现阶段监管者"管"的力度还没有提升上来，所以在该次新股发行过程中信息虚报、内幕交易、中签率不一、权力寻租、"老鼠仓"等现象才频频出现。

对市场的中小投资者保护力度不够，个人投资者与机构投资者的机会不均等，不利于提高市场效率。投资者在整个资本市场中起到了资金融通和资源合理配置的关键性作用，而无论是核准制还是注册制，其核心都是为保护投资者的利益。在我国市场中，具备数量众多的个人投资者，这些中小投资者在整个市场中同样起重要作用，但监管者对其保护十分有限。首先，新股发行中，中小投资者所得到的信息仅限于网上发布的信息，而机构投资者却可以获取各种内幕消息，存在严重的信息不对称；其次，申购过程中，机构只需口头报价，而中小投资者必须持有老股才有资格申报新股；最后，当违规出现后，监管者仅对违规企业进行处罚，而对中小投资者切身利益的维权却几近不存在。正基于此，中小投资者在资本市场中才处于弱势地位。

2. 面临的矛盾

我国向注册制的推进刚刚开启，配套制度不够完善，单兵突进易造成政策的漏洞被放大。参照美国体系比较完善的发行市场，可知想要达到注册制股票发行市场状态并不是通过简单地推行发行制度改革便可以达成的。完备的注册制需要股价的正常化、上市公司完善的治理结构、股票供求关系及投资者的投资心理正常、健全的权益保护机制等。因此，监管者在注册制改革中更需要考虑相关配套制度的完善，才能实现上述的市场状况。

兼顾过多目标将使注册制改革步伐难以快速前行。在市场自由化趋势发展，维持股票市场稳定、制度的规范和维护市场"三公"秩序等多重目标下，监管者在向注册制改革的过程中不但需要监管市场，而且需要推动市场发展，同时还需要注重市场的自由化和市场的稳定性等。类似"三元悖论"[①]，多个目标必然无法同时实现。在注册制改革过程中，虽然从长期来看这些目标是协调一致的，但在短期改革中，目标之间常常存在取舍的抉择。就好比"奥赛康"事件，监管者就需要在市场自由以及市场稳定中做出决定。

国内市场具有中国自身的特色，注册制的改革绝非简单地照搬他国制度，还需要实际的摸索。国内市场与美国市场存在比较明显的差异性，如：①国内投资者的投资判断水平相对较低，对股票的风险没有正确的认识；②我国拟上市公司"一股独大"现象使存量套现严重；③我国股票市场的投机心理严重，对市场的炒作行为反应剧烈；④我国的股票市场体系有待完善，退市机制、做空机制、诉讼机制还不到位。因此，在我国向注册制的改革过程中，如果完全学习美国注册制的经验，难免会出现"南橘北枳"的现象。因此，监管部门在改革过程中需要逐步探索出适合中国资本市场的特色化注册制。

（二）发行人：新股发行制度改革的主角

发行人即拟发行股票的公司是资金需求的一方，也是在投融资平台上的一大主角。他们的表现是临阵磨枪的临场秀还是十年磨一剑的内力展示？发行人的内功将在投资者专业程度和市场化程度提高的情况下暴露无遗。其存

---

① 三元悖论由美国经济学家保罗·克鲁格曼就开放经济下的政策选择问题所提出，其含义是：本国货币政策的独立性、汇率的稳定性、资本的完全流动性不能同时实现，最多只能同时满足两个目标，而放弃另外一个目标。

在的问题和面临的矛盾如下:

1. 存在的问题

企业对股票市场的功能定位不准确,过度关注市场的融资功能,融资后却对市场并不尽责。在我国,上市的企业很多都将融资当成了最终目的,把股票市场完全当作"圈钱""脱困"的场所。此时,企业的发行改制成了融资的一种手段。一旦圈钱完成,公司上市后的经营又会重蹈覆辙,经营业绩逐年下滑,从不或很少进行股利分红,严重影响股票市场的发展,侵害投资者的利益。

在利益诱惑下,部分公司信息披露不真实、不充分、不及时、不规范甚至造假。信息披露不合规的情况可以分为两类。一是隐瞒问题。我国目前拟上市公司中,大多数在上市前都存在各种类型的财务问题,而此类问题的披露常常不利于市场建立对该公司的信心,因此企业往往对问题数据进行隐瞒。二是报表粉饰。上市过程中有优良业绩的公司往往能获得更高的估值定价,从而获得更多的融资,因此公司有动机利用财务报表优化自身数据。这两种情况都是利益驱动且违规成本较低造成的。上述现象严重影响投资者对股票的正确定价和投资者损益情况,甚至使问题从一级市场延续至二级市场。

2. 面临的矛盾

披露过分完全容易引起市场的过激反应,同时数据公开过多也容易暴露公司的商业机密。我国拟上市企业处在一个"自夸"现象比较严重的大环境中,在这种大环境之下,拟上市公司面临了两难的抉择,即选择对财务状况进行"粉饰",承担违规风险,或者选择不对财务状况进行处理,影响估值定价。显然,在当前违规成本较低的情况之下,公司更倾向于前者。因此,当大环境处在信息披露不完整或非优化情况下时,很多时候会出现一种逆向选择的结果,即所有企业都进行不完整的信息披露。但从公司长远发展及投资者利益角度考虑,公司应注重自身的信用和及时披露信息。

在发行与管理过程中,大股东利益与公司的整体利益相悖,也会损害投资者权益。我国拟上市公司存在特有的"一股独大"现象,这种现象直接导致公司治理被架空,公司决策变为一种私人控制行为,极有可能使公司成为实现自身利益最大化的工具,这与上市公司的目标"股东利益最大化"相悖,也正是如此,才引出了大股东高价存量套现等事件。"一股独大"既不利于公司的长远发展,也不利于保障中小投资者利益,但这种现象的改善需要公司结构的全面调整,并非一时之功。

(三) 中介机构:新股发行改革的参与者和利益相关者

中介机构主要包括作为承销商的证券公司、会计师事务所、律师事务所及评估机构等,是股票发行体制改革的参与者和利益相关者。本文以证券公司为例,对其存在的问题和面临的矛盾做出分析。

1. 存在的问题

新股发行过程中,承销商对自主配售权的使用存在利益导向行为。在该次新股改革中,承销商首次获得自主配售权利,在国内供需结构失衡的情况下,相当于给予了承销商巨大利益权,因此容易滋生权力寻租等行为。也正是基于此,该次改革过程中频频出现中签率不一、内幕交易的现象,以及中介机构"助纣为虐"现象。中介机构所面对的主体主要为发行人以及机构投资者,这两个主体也是其赢利关键,因此为了满足客户的需要,中介机构在发行过程中也存在帮助或纵容发行人披露虚假信息以及为违规的机构投资者进行炒作造势的现象,这也是长期以来我国上市公司造假后轻易发行、市场炒作者对新股炒作猖獗、打新收益居高不下的原因之一。

2. 面临的矛盾

中介机构须在客户要求、公司经营目标以及公司社会责任三者间进行博弈。中介公司的直接客户为股票的发行人,在发行过程中,中介机构和发行人也是经过了双向选择才产生的一种合作关系,客户的需求需要得到满足;同时,中介机构作为营利性公司,最终目标必然为实现公司利益的最大化;而在面临存在高利益以及高客户需求的情况下,中介机构还承担着一定的社会责任,有义务帮助保护投资者的权益,因此必定面临利益与社会责任的博弈。

（四）市场投资者：股票发行审核改革的评判者

市场投资者包括机构投资者和中小投资者两大类。他们既是参与者又是评判者，股票发行审核改革的成功与否取决于市场投资者"用手投票"还是"用脚投票"。

1. 存在的问题

我国投资者过于偏重投机而非投资，与资本市场长期发展要求不符。我国的股市存在以下与投资者相关的特点：①股市炒作严重，特别是爆炒小盘股，如与"第一夫人"穿着相关的概念股非理性大涨；②打新收益相对较高，大部分新股发行首日涨幅超过100%；③高换手率、高波动率、持有时间短。股市中投机过多使市场中容易出现内幕交易、关联交易、操纵股价等违规行为，不利于股市的稳定发展。

机构投资者在新股发行过程中存在利益驱动的不正当报价、内幕交易及操纵价格等现象。在新股的定价过程中，由于机构投资者占比较大，因此定价中机构投资者的报价直接影响了最终的发行价格，而在这个过程中利益驱动使不合理价格出现。在上海证券交易所公布的新股发行的六种异常交易行为中，明显存在机构投资者操控股价的现象，如同一控制人通过多个账户频繁大额地进行反向交易；集合竞价阶段通过高价申报、大额申报、连续申报、频繁撤单等来严重影响新股股价，这些行为严重影响了市场的运转和中小投资者的利益。

2. 面临的矛盾

中小投资者与机构投资者获取信息的渠道不同及知识差异导致两者存在严重的信息不对称。机构投资者通过自身渠道能够获得优于中小投资者的内部信息，这就使新股发行中的投资变成一种不公平的行为。另外，大部分中小投资者对股票市场的了解停留在初级阶段，在新股发行中易受到市场波动或炒作的影响，而成为虚假信息、内幕交易等最终的埋单者，中小投资者的知识架构和投资素质需要加强。

投资者缺乏维权意识和保护自身权益的途径。国内投资者的维权意识淡薄，即使具有维权意识，当前环境下的上诉体系不完善和执法部门间互相推脱责任,也使维权成为难题,国内目前尚无投资者起诉维权的成功案例。

五、过渡期的政策探讨及我国注册制改革方向

我们需要清醒地认识到,注册制改革是一个循序渐进的过程,不可能一蹴而就。通过上述分析也可看出我国目前新股发行中存在不少问题和矛盾,这些都需要逐步解决,注册制改革仍然"路漫漫其修远兮"。注册制的改革需要一定的时间,现阶段需要抓紧安排过渡期的政策。

(一)过渡期的政策建议

针对我国新股发行市场目前存在的问题并结合国际上注册制成功的案例,在考虑投资者权益的前提下,过渡期的政策应包括:①完善市场法规以及市场条件建设,形成配套措施;②全面推动监管转型,实行全过程监管,提高执法和处罚力度;③严格控制信息披露程序,减少信息不对称;④明确划分各参与者责任,对违规行为追究责任。简洁而言,可总结为二十字方针,即"法规先行,政策配套,全面监管,严控披露,执法从严"。围绕此方针,笔者针对过渡期提出以下具体建议。

对新股发行过程中的两个审核主体进行合并,责任归一。目前证监会预审和发审委两个审核主体的同时存在,使信息披露的监管者和最终的决定发行者不一致,可能造成信息不对称。同时,两个发审主体的存在导致责任划分不明确,易产生责任推脱行为。取消其中一个主体后,可以将质询阶段与发审决定阶段统一,监管主体责任明确化、一体化,从而促使企业进行充分的信息披露,达到监管目的。

转变股票发行中的监管取向、重心和方法,逐步转型监管模式。核准制与注册制都强调通过加强监管提高对投资者的利益保护,但注册制更强调的是对事后的审核及处罚,实行全过程的监管。因此,监管方向应该从注重融资到投融资兼顾,从注重市场快速发展到注重结构合理和市场公平,从注重事前审批向注重事后审核及处罚转变。监管部门可以向SEC学习,通过促进

平等交易保护公众投资者，将原先用于对企业进行实质审核的人力、物力投入监管中，做好发行过程直至企业退市的终生监管，进而改善当前的"因噎废食型"监管。

完善相关法律制度，同时明确划分股票发行中的主体责任，实行责任连带制度。由中介机构和交易所对企业进行实质性审核工作，全面审查企业的财务等信息披露的完整性、公开性和真实性。同时，对中介机构的几大参与方实行责任连带机制，一旦一方有包庇行为，则其他几方同样受到惩罚，从而减少中介机构在发行过程中的违规行为。另外，对违法违规的发行人实行当事人无限责任追究制度，通过全过程监管追踪问题根源并加大处罚力度，提高违法违规成本。

加强对投资者入市的规范指导，保障投资者进行合理合法的投资。可以通过以下步骤实施：①对机构投资者，通过加强监管、严格调查可疑的投资者，坚决打击市场操纵等不正当行为；②对中小投资者进行市场风险及投资导向教育，加强风险意识，逐步改善我国股票市场中投资者的过度投机心理行为；③逐步强化投资者的保护机制，如国外成熟市场一般都有诉讼机制、教育机制、赔偿机制，我国可以从法律或规章制度入手，逐步完善投资者保护机制。

完善配套机制，包括健全相关制度、改善市场供需结构、调整我国公司治理结构、完备退市制度等全面的改革。该次新股发行体制改革过程中所暴露出的问题，根本原因来自相应的解决措施或者责任规定不够完整和明晰，只有责任权及解决措施明确，股票发行市场的运行才能有效。相关制度的健全及责任的明确划分有助于规范市场秩序，供需结构的改善使投融资运行趋近正常市场，公司治理结构的调整有利于对所有投资者公平的保护，完备退市制度有利于股市的优胜劣汰等，配套制度的完善有利于使新股发行中的问题迎刃而解，更有利于全面推动我国资本市场的发展。

(二) 探索适合中国多层次资本市场的注册制道路

注册制和核准制都存在各自的优势和不足，西方国家也出现了两种立法逐步融合的趋势。我国向注册制改革的过渡期中，可以通过考虑国内市场现状，对国内特有的现象提出特有的"核准制类"措施体系进行尝试，从而形成具有中国特色的注册制体系，满足多层次资本市场的需要。因此，我们提出我国注册制实施中可能面临的"中国特色"现象，以及相对应的特色方法：

我国人口基数较大，众多投资者的投资素质和对风险和信息的判断能力难以在短期内得到提高。在此环境下，注册制制度下的上市企业质量的判断仅仅依靠"买者自负"的方式不再适合我国市场的状况，中小投资者容易陷入信息陷阱。针对我国投资者的特殊情况，同时参照我国曾经历过的审批、核准制度，我国可以考虑将核准制过程中对企业的价值判断过程形成评判体系，评判结果不影响企业上市，但可以将结果形成书面文件为市场投资者提供投资参考，这样既可以利用前期历史制度的经验，又可以帮助投资者判断企业价值。

国内徇私舞弊现象多，执法不严，监管部门缺乏威信。我国多年来在多个方面普遍存在执法不严的现象，进而导致市场化进度慢，寻租行为较多。消灭这些行为仅通过制度改革是远远不够的，还需要在注册制实施中加大执法力度。我国对执法的相关规定应该更加细化到点，将执法人员也纳入监管范围，同时利用时代特征，加入网络舆论监督，减少主观的执法懈怠或失误。

探索适合中国多层次资本市场需要的注册制改革道路。经过20多年的发展，我国证券市场已经具备了多层次资本市场的雏形，沪、深主板市场，深证中小板市场和创业板市场以及三板市场也相继建立，同时还在部分地区建立了地方产权交易市场等柜台交易场所。这些市场定位和监管目标各有不同，使用的法规差异较大，不能一刀切，可以借鉴美国市场的经验，采用注册制和核准制相结合的原则，加以区别对待。

总之，我国股票发行体制改革已成为资本市场发展的必然趋势，既需要攻城拔寨破除既得利益集团阻力的改革魄力，又要具有攻坚克难的韧劲和耐心；既要求拥有顶层设计的大智慧，也必须具有破除局部技术难关的路径和方法。这是我国股票发行体制改革成功的重要保障。

参考文献

马志刚.IPO 改革须"放""管"两轮同转[N].经济日报，2014-1.

内阁府.金融商品取引法［D］.金融产品交易法案相关的政令案·内阁府令案等，2010-05.

钱康宁，蒋建蓉.股票发行制度的国际比较及对我国的借鉴[J].上海金融，2012（2）.

沈朝晖.流行的误解："注册制"与"核准制"辨析[N].证券市场导报，2011-09.

王啸.市场化改革的难题与原则[N].上海证券报，2014-1.

吴长煜.新股发行市场规则的国际廖望及借鉴[J].中国经济评论，2003（4）.

肖钢.大力推进监管转型——在 2014 年全国证券期货监管工作会议上的讲话[N].证券日报，2014-1.

熊锦秋.新股发审不宜存在两个审核主体[N].上海证券报，2014-1.

易宪容.IPO 改革实效与宗旨背离的深层原因[N].上海证券报，2014-1.

张炜.注册制改革不可搞"单兵突进"[J].财经评论，2014（2）.

周佰成，王辰，吕海升.中日股票市场发行制度的比较研究[J].现代日本经济，2011（5）.

邹东涛，欧阳日辉等.新中国经济发展 60 年（1929-2009）[M].北京：人民出版社，2009-9.

Reform Directing to Registration System in China IPO Markets: Research on Problems, Solutions and Feasible Policies in the Interim
——Based on International Comparison and Chinese Practice

SONG Guoliang, LIU Zhidan, HUANG Dakang

（University of International Business and Economics）

Abstract: China Securities Regulatory Commission pitched the launch of reform directing to registration system and the reform of new stock issue mechanism has become the topic concerned by both the government and the industry, whether registration or approval system is adopted will directly determine the direction of our stock market or even capital market.

In this paper, a comparison of two international stock issuing systems as well as summarization of the characteristics and experiences of stock issue mechanism in different stages in China are made. This paper has also explored the existing problems and bottlenecks in China IPO markets according to different participants. Finally, proposals for transition policy as well as exploration of registration system with Chinese characteristics are given comprehensive analysis.

Keywords: Registration System, Approval System, International Comparison, Transition Policy

信贷资产证券化在中国的发展实践及政策思考*

◎ 刘丽娜

摘要：我国始于2005年的信贷资产证券化试点的实践呈现与发达国家不尽相同的一些特点。我国的信贷资产证券化是在额度管理和审批制下操作，以优质对公贷款为基础资产，通过比较简单透明的交易结构设立的过手型资产支持证券是目前试点过程中最为普遍的模式。此种模式在具有审慎、标准化优点的同时，其市场化程度和对投资者的吸引力较为有限。近年来，以信贷资产出表为目的的"类资产证券化"业务快速增长，在监管套利和风险积聚的同时，亦反映了当前证券化试点运作方式和规模水平无法满足规模巨大的盘活存量需求的潜在问题。结合国际的经验教训，我国资产证券化应在未来2~3年内逐步实现市场化、常规化发展；"疏堵结合"，推进信贷流转阳光化，逐步替代不规范的"类资产证券化"；结合我国金融体系的风险特征构建行之有效的中国式监管框架。

关键词：资产证券化 试点实践 政策建议

作者刘丽娜就职于中国银行业监督管理委员会创新业务监管部。

* 本文为中国金融四十人·青年论坛内部立项论文"信贷资产证券化在中国的发展实践及政策思考"的部分成果，课题报告经中国金融四十人论坛组织专家评审。本报告仅代表作者个人观点。感谢银监会创新部丁鹿、唐立，银行二部杨硕对本报告的贡献。

我国始于2005年的信贷资产证券化试点的实践呈现出与发达国家不尽相同的一些特点。中国模式在具有审慎、简单透明等优点的同时，其市场化程度和对投资者的吸引力成为短板。近年来，以信贷资产出表为目的的"类资产证券化"业务快速增长，在一定程度上反映了当前证券化试点的运作方式和规模水平无法满足规模巨大的盘活存量需求的潜在问题。结合国际经验教训，我国资产证券化应在未来2~3年内逐步实现市场化、常规化发展；"疏堵结合"，推进信贷流转阳光化逐步替代不规范的"类资产证券化"；结合我国金融体系的风险特征构建行之有效的中国式监管框架。

一、我国信贷资产证券化试点实践的进展和特点

我国资产证券化试点实践呈现以下四个特点：

一是多轮审慎试点，仍非商业银行的常规化业务。我国信贷资产支持证券仍处于起步阶段（见图1、图2），产品发行需经行政审批，在发行机构内部并非如存、贷、汇等一样的常规化业务。

二是基础资产集中于对公贷款。异于欧美以住房按揭贷款为主的基础资产模式，在我国信贷资产证券化试点过程中，基础资产集中于优质公司贷款（见图3、图4）。形成此种差异性的原因可能有：可证券化的存量资产结构存在差异；从腾出信贷规模、降低资本占用和信贷集中度等角度看，对公贷款证券化产生的"轻资产负债表"效应更加显著；从试点操作的难易程度看，按揭贷款证券化由于单比贷款规模较小、入池资产笔数繁多，涉及抵押物变更手续繁杂等原因，操作起来成本较高。

三是交易结构简单透明。与欧美结构化产品复杂的"发起-分销"模式相比，我国试点多为信贷资产出表型资产支持证券（ABS），交易结构有简单透明的特点。在基础资产的打包分层模式方面，欧美结构化产品往往通过多层打包、再证券化，形成复杂的合成结构化产品，如CDO、CDO平方等，原始资产的期限、风险特征往往与最终的分销产品差异很大。我国试点的交易结构基本为行业、区域等信用风险特征较为分散的优质对公贷款的单层证券

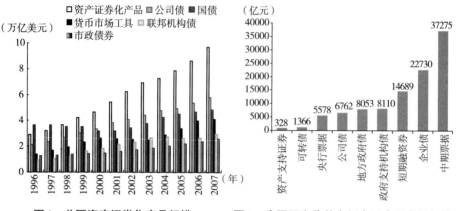

图1 美国资产证券化产品规模

图2 我国固定收益市场主要产品存量规模

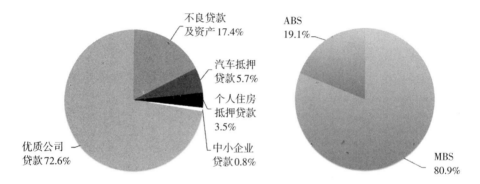

图3 信贷资产证券化基础资
产发行规模占比

图4 2013年第一季度美国资产证券化
产品结构

化，没有复杂的"再证券化"。在信用增级模式方面，欧美结构化产品往往需
要通过大量的外部信用增级，才能保证结构化产品获得较高的评级。最普遍
的外部增信工具是信用违约互换（CDS），这种不透明的场外交易衍生产品名
义规模迅速膨胀，在危机中成为风险传染的"重灾区"。而我国的信贷资产证
券化绝大多数为优质资产、基础资产过手产生的现金流，通过比较简单明了
的劣后清偿安排，基本上可以保证优先档证券评级所需的信用增级量。

四是投资者以商业银行为主，市场吸引力有待提升。我国信贷资产支持证券的主要投资者仍为商业银行（约占80%），其他机构（证券公司、证券投资基金、商业银行理财计划等）参与度在15%左右。在2013年，随着固定收益市场整体收益率水平的不断抬升，信贷资产支持证券的收益率水平对投资者的相对吸引力显著下降（见图5）。由于资产支持证券大多属于收益过手型，其收益率直接受制于基础资产的收益水平及证券化成本（平均约为30~60个基点）。2009~2010年，我国商业银行发放的大量存量贷款资产的收益率在4%~6%的较低区间（见图6）。在当前市场环境下，贷款利率偏低的优质信贷资产支持证券很难找到发行时间窗口。定价和发行中存在的问题直接导致作为发起机构的各家商业银行互相持有信贷资产支持证券成为普遍现象。

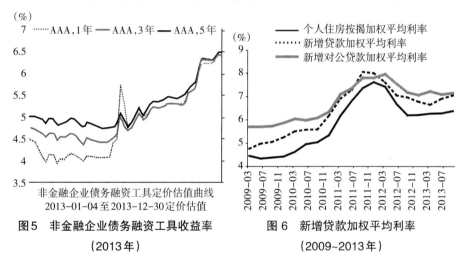

图5　非金融企业债务融资工具收益率
（2013年）

图6　新增贷款加权平均利率
（2009~2013年）

二、类资产证券化市场的并存现象和深层次原因

除试点之外，一些"类资产证券化"业务亦在我国金融体系内同时发展，其增长速度甚至超过试点。这些业务的共同特点包括：①以银行对企业的信贷债权，或企业对企业的应收款项等债权为基础资产；②发起人将基础资产转移至信托、券商、基金公司、保险公司资管计划，实现一定程度的"出表"和"隔离"，这些SPV载体即目前市场所称的"通道"；③各类信托受益权、资

管计划基本通过私募渠道进行销售和融资，投资者多为银行理财部门和各类非银行资产管理机构，如私募基金、券商资管、保险资金、信托计划等。具体来看，为规避利率管制和信贷规模管控，或为实现资本和贷存比等监管指标的套利，商业银行通过各种方式进行信贷资产的"调表"业务。如2009~2011年期间出现"银信合作""银银合作""银证信合作"等业务模式的快速增长，对此监管部门曾紧密出台一系列措施"围堵""叫停"（见图7）。

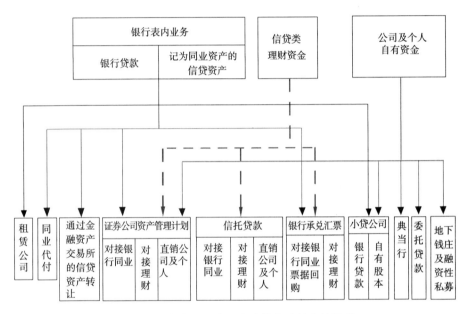

图7　银行表内外各类具有信贷发放效应的渠道

从原因看，一是资产证券化试点有额度审批、交易结构僵化等问题，使其成本较高，无法满足市场需求。"一单一批"的审批流程较烦琐、周期长且市场化程度有待提升，存在抵押、质押、变更程序复杂及缺乏历史数据等操作问题，以小微企业贷款、信用卡和个人消费贷等为基础资产，循环资产池、非过手型证券和高集中度资产分层结构等新模式仍面临诸多障碍。二是同业间缺乏结构简明、规范化、阳光化的信贷流转渠道。当前我国信贷资产流转市场面临"规范的业务不活跃，活跃的业务不规范"的现实矛盾，即监管规定的操作困难使贷款实际流转规模萎缩，与监管套利型的信贷资产表外化、附带"隐性回购"等不规范的风险资产转移快速膨胀间的矛盾。三是类证券化业务模式日趋多变，监管难度骤升。目前金融同业的业务创新模式变化、传播、复制的速度之快前所未有。借用互联网、微博、微信群等手段，如果少量金融同业"开发"出某种新的业务模式或金融产品，可以有效地满足客户需求或实现监管套利，在短短几天内即可传播至主要的市场参与方，几个月内即可在市场上产生具有一定规模的业务品种，很难通过"发文叫停"的方式封堵。此种案例在近两年的"同业代付""通道"等业务的快速增长扩张中可见一斑。同时，类证券化业务发展至今，金融体系内各种渠道的信贷发放和流转渠道已经存在数年，具有规模不容忽视、形式繁多、机构关联紧密的特点，简单的叫停方式，往往会对货币信贷供给和金融市场产生显著的脉冲式影响，政策溢出效应显著。

总之，对类资产证券化业务现象宜一分为二地客观认识。既要看到在类资产证券化业务的激励机制中确有很大程度的监管套利因素，又必须认识到类资产证券化业务存在的意义和"盘活存量"的强烈需求与非常有限的合规渠道、工具之间的显著矛盾。在这种情况下，已不是"做"与"不做"的问题，而是怎样做的问题。

三、信贷资产证券化两面性：国际与中国实践的对比与启示

在国际金融危机爆发前的30年的时间内，资产证券化市场经历了长时期的平稳发展，并未发生大型的风险事件。资产证券化产品具有多元化融资、提高资产流动性、转移风险、增加中间业务收入来源和监管资本套利等优势，为金融体系带来稳定的创新红利。我国试点银行的RAROC测算显示（见表1、表2），证券化对商业银行产生的激励效应非常显著。①RAROC显著提升：在垂直留存模式下，商业银行30亿资产组合的RAROC可提高9.2%。②资本释放效应：通过证券化可最多释放3.2亿元的风险资本。③创造调整信贷结构的空间：通过资本的释放，可将腾出的新增信贷投入目标转型领域，实现信贷集中度指标优化。

　　A银行发行一只信贷资产支持证券，假设证券化产品周期中无早偿情况，在此基础上测算不同情景下A银行的风险调整资产收益（RAROC）及证券化资本释放效果。该证券化产品由优先A档、优先B档及次级档组成，优先A档评级为AAA，优先B档评级为A+，次级档无评级。

　　各情景假设如下：

　　情景一：A银行发放贷款，未进行信贷资产证券化。

　　情景二：A银行发放贷款后，进行资产证券化；按原风险留存规定，自留总规模为5%的次级档证券。

　　情景三：A银行参照21号文规定，进行垂直留存，各档次证券均留存5%。

　　情景四：A银行参照人民银行、银监会公告（21号文）规定，进行L型留存。自留总规模为5%的资产支持证券，包括自留总规模为10%的次级档证券，以及其他各档证券应进行等比例留存。

　　情景二、情景三和情景四中，证券化后的新增贷款应及时发放给原客户以形成同质贷款。

表1　RAROC测算基本假设与参数

贷款参数 ①			
贷款总金额	30亿元	贷款风险权重	100%
贷款加权平均收益率	6.8%	资本充足率	11.5%
贷款违约率	1.1%	贷款净利差	2.4%
贷款违约损失率	47.5%		
证券化参数 ②			
优先A档总金额	24亿元	优先B档总金额	3.4亿元
A档加权平均收益率	4.8%	B档加权平均收益率	6.5%
A档证券风险权重	20%	B档违约率	0.16%
次级档总金额	2.6亿元	B档违约损失率	20%
次级档总收益 ③	4965万元	B档证券风险权重	50%
次级档证券风险权重	1250%	贷款管理费	820万元
发行成本	1100万元		

---

① 部分贷款参数基于A银行测算。

② 部分证券化参数基于A银行及评级机构测算。

③ 次级档总收益=贷款总收益 – 管理费用 – 优先A档收益 – 优先B档收益。

表2　RAROC测算　　　　　　　　　　　　　　（单位：万元）

	情景一	情景二	情景三	情景四
优先A档持有额		–	12000	10861
优先B档持有额	–	–	1700	1539
次级档持有额		15000	1300	2600
优先A档证券收益		–	480	434
优先B档证券收益			128	115
次级档证券收益	–	2864	248	497
再贷款收益		6348	6348	6348
净收益	6683	8933	6924	7115
优先B档预期损失			1	0
次级档预期损失	–	904	78	157
再贷款的预期损失		1489	1489	1489
总预期损失	1568	2393	1568	1646
优先A档资本要求		–	276	250
优先B档资本要求			98	88
次级档资本要求	–	21563	1869	3738
再贷款的资本要求		33005	32775	32775
总资本要求	34500	54338	34920	36762
RAROC	14.01%	12.03%	15.34%	14.87%
资本释放效果	–	12938	32355	30513

　　资产证券化催生风险的国际教训同样值得关注。一是信贷加速器效应带来信贷过度增长风险。资产证券化产品发行与新增信贷自我强化的"加速器效应"（Financial Accelerator），及其伴生的信贷过度增长和资产价格上升，会推动金融机构风险偏好增加和风险暴露规模扩大加速。二是信贷资产证券化对流动性的影响。在次贷危机中，结构复杂、不透明的投资工具定价困难使投资者清算手中资产，在投资策略同质化下，短期内的羊群效应使个别资产的流动性问题转为系统性风险（见图8）。三是产品和交易结构过于复杂的风险。在国际上此类产品结构过于复杂，证券化市场过度依赖外部评级公司的负面影响显著。而在国内前期试点过程中，大多数产品结构相对简单透明。四是监管滞后于市场发展的风险。国际上在是金融危机后，巴塞尔委员会等在全面风险覆盖、资本计提、对外部评级的依赖等方面加大监管力度。

1. 贷款发起机构
有激励机制发放更大规模贷款获取佣金收益，可能放松信贷发放标准

4. 投资者
随着货币政策转向高度宽松，投资者对高收益产品的追捧不断加强，银行自身也保留了一部分处于高滚动风险中的结构化产品头寸

2. 证券服务机构
创造更大规模的资产证券化产品获取承销收入，交易结构日趋复杂和不透明

3. 信用评级机构
一些证券化产品获得评级超过其基本面表现水平，相关性被严重低估。"花钱买评级"模式导致了大量带有严重倾向性的高评级

图8　资产证券化参与方自我强化的加速循环

四、政策建议

（一）加快信贷资产证券化试点的市场化运作，在未来两到三年内逐步实现常规化发展

我国金融体系已进入利率市场化、金融脱媒等快速变革和转型阶段，此阶段必然伴随商业银行强烈的资产结构调整需求，只有市场化、常规化运作的信贷资产证券化才能满足商业银行如此大规模的业务需求，目前，"一单一批"的试点框架下，突出存在交易结构单一、中间成本较高、发行审核流程和期限较长、产品流动性低、主要投资者仍为商业银行等诸多问题。这些问题直接导致无论是作为发起方的商业银行，还是作为投资方的市场参与机构，都缺乏参与的积极性。此项业务也并未充分实现管理风险和优化资源配置的经济功能，无论从规模上还是从效率上来看，都属于"形式很美"，现实意义欠佳的状态。只有在完善监管框架的基础上，实质性推进市场化、简化交易结构、降低中间成本、引入多元化投资者，才能使信贷资产证券化业务显现活力，真正地实现常规化，达到盘活信贷存量的最终目标。

信贷资产证券化试点已开展多年，相关市场主体培育、监管框架、风险管理都已有一定基础，市场化、常规化改革所必要的准备基本成熟。在2013年7月国务院办公厅发布的《关于金融支持经济结构调整和转型升级的指导意见》（金融"国十条"）中，已明确提出了"逐步推进信贷资产证券化常规化发展"。常规化——具体来说就是将信贷资产证券化从试点转为银行的一项常规业务，由各行从风险管理、盘活存量的实际需求出发，按照商业原则，由金融市场自行决策证券化具体业务规模、基础资产种类等安排。监管方面则应去行政审批化，由各部门根据自身法定职责，在完善法规框架下实施业务的日常监管。

综合商业银行转型的内外部因素变化（如利率市场化的推进）的速度来看，未来2~3年以实现常规化目标为宜。具体操作则可以分步骤稳步推进以下工作：

1. 改变证券化审批机制，提高发行效率

在前期信贷资产证券化试点业务中，依据《试点办法》等相关法规，出于审慎性考虑一直对每单证券化产品发行实行审批制，在客观上延长了产品发行周期，提高了产品发行成本，限制了产品设计的灵活性与差异性，在一定程度上阻碍了业务的快速发展。而从国际经验来看，资产证券化业务也是一种较为成熟的市场化运作产品，监管部门并未对产品发行进行审批。随着我国信贷资产证券化的常规化发展，也应充分体现市场化原则，由商业银行从风险管理、盘活存量的实际需求出发，更多地按照商业原则自行决策业务安排。监管部门也应考虑在具体的产品发行环节逐步弱化行政审批职能，对信贷资产证券化业务的产品发行实行有条件的放开，培养投资者的分析与决策能力，逐步形成市场选择的有效性。

针对具体项目、产品去行政审批的同时，监管部门应同时建立更加适应市场发展的，灵活覆盖风险薄弱环节的审慎监管框架。一方面，结合国际监管反思，构建信贷资产证券化相关的资本、流动性等全面风险监管法规框架。特别要加强信贷资产证券化发起与发行机构资质准入要求，可在机构分类监管、有限牌照的大思路下实现奖优罚劣。由于产品的风险主要取决于基础资产的状况与产品的结构，故发起机构与发行机构在证券化产品的设计发行环节起主导作用。监管部门应对这两类机构的市场准入门槛进行严格的限定并通过行政审批流程对其业务资质进行授权。为了从根本上保证通过审批获得业务资产的机构所发起或发行的所有产品结构合理、风险总体可控，应将发起与发行机构的管理能力与风控水平作为审批关键依据。对发起机构应要求具备良好的公司治理、风险管理体系和内控体系，具备从事证券化业务所需的管理制度、管理系统、管理人员等。对发行机构应具备良好的市场声誉与经营业绩，不存在违背风险隔离原则的违规事件，具备履行受托机构与发行人职责所需的业务规则、风控体系、信息系统与专业人员等。

另一方面，弱化具体产品设计与发行的审批，并强调市场与投资者的作用。借鉴目前我国各类市场融资产品发行的监管方式，对证券化具体产品设计与发行的监管，可考虑采取对基础类证券化产品的发行实行备案制，对结构复杂、创新型的证券化产品由专家评审委员会共同商议的形式进行审批。通过这种方式，既可以加强发起机构对产品的信息披露程度以实现投资者保护机制，也可以避免监管机构直接对产品的实际风险与投资者价值进行判断。通过以上两个方面，既可以提高银行信贷资产证券化业务的整体管理水平，也可以降低具体产品的发行限制，缩短发行周期，提高市场优化资源配置与产品选择的能力。

2. 出于宏观审慎考虑，在常规化初期可在市场化原则下实施总量控制

从审慎性角度出发，为确保证券化市场的稳健发展、有序增长，防止"一哄而上"，可在信贷资产证券化业务常规化初期，在市场化的基础上统筹额度管理，相关监管部门可协调确定总额度和实施方案，各行的额度或与上一年度银行贷款余额的一定比例挂钩，或与银行资本挂钩，同时将监管评级、风险控制、案件发生等指标综合考虑在内，通过公开、透明的方法确定各行当期可参与规模。这种考虑主要是基于以下几个因素。一是信贷资产证券化业务在我国还属于发展初期，银行运用证券化手段进行风险管理和内控机制有待健全，配套IT技术系统和风控机制的完善也需要一段时间，因此需要逐步实现常规化。二是前期证券化试点一直有非常严格的审批，若在常规

化初期完全取消，可能会出现银行短期内释放积压的大量需求，造成市场规模突增，市场压力加大，会影响市场的稳定性和货币政策传导的有效性。总之，资产证券化既要有总量控制，又不要走审批之路，逐步将常规化机制落到实处。

3. 在控制风险的前提下，坚持产品创新的市场化原则

基础资产方面，常规化后，证券化工具的使用应立足于丰富银行风险管理手段这一发展定位，本着市场化的原则，根据银行的战略发展需要选择适当的基础资产，解决银行调整资产结构、期限错配、降低行业集中度、资本消耗等方面的问题。监管上应尽可能减少对基础资产类别的限制型要求。交易结构方面，信贷资产证券化的常规化还应体现在简化交易结构、降低中间成本等商业化发展路径上。因此，在交易结构设计上，建议本着商业原则进一步降低交易成本，减少强制性评级和增信要求，转而通过加强信息披露监管控制风险，真正使信贷资产证券化业务显现活力。登记托管方面，具备集中统一的、系统成熟的登记托管机构是信贷资产证券化常规化的必然选择，既有利于消除市场割裂的现状，也有利于实现有效监管。

基于对证券化业务创新模式的现实需求，应在正常类优质企业贷款证券化为主的前提下，鼓励各类机构继续深入地研究、尝试小微企业贷款、信用卡和个人消费贷等类型的证券化产品，在确保风险可控的前提下，对创新型产品严格按照"成熟一单做一单"的标准推进；让市场自身决定产品结构类型，推动证券化发起机构进一步了解投资者对循环发行结构和非过手型设计的需求，通过创新产品结构设计明确现金流分配，便于投资者分析资产支持证券的公允价值；同时要吸取国际上"过度依赖外部评级"的教训，对主要评级机构关于小微企业贷款、信用卡和个贷资产池的评级方法和操作流程进行调研和透明化。

（二）疏堵结合，逐步将类信贷资产证券化规范化、阳光化

我们对于类资产证券化业务现象宜一分为二地客观认识。一方面，类资产证券化业务的激励机制中确有很大程度的监管套利因素，隐含一定的风

险。另一方面，必须客观认识到类资产证券化业务存在的客观意义和市场需求。类证券化业务屡禁不止，规模越来越大，这从另一侧面说明了正常的信贷资产转让需求无法得到有效满足，即"盘活存量"的强烈需求与缺乏合规渠道和工具之间的显著矛盾。

实践证明，疏堵结合，才能在满足市场发展需求的同时有效防范风险。"疏"，指开辟多渠道、市场化运作的规范化、阳光化资产证券化渠道，切实满足金融机构在此方面的业务需求。"堵"，指针对以监管套利为目的、隐含潜在系统性风险的类资产证券化业务从严监管，加强现场和非现场监管检查，强化功能监管和跨部门协调，超越业务的名称、机构归属等外在形式，判断实质风险。"疏而不堵"，则市场发展良莠不齐，最终"劣币驱逐良币"，审慎经营、不走灰色地带的银行反而受到惩罚。"堵而不疏"，则市场需求无法得到满足，形成堰塞湖，短期可能对实际信贷供给产生脉冲式的溢出效应，使调控和监管事倍功半，中长期则仍会从各种所谓的"创新"灰色地带涌出，产生新的风险，本质上无法解决问题。在利率市场化转型阶段，推进"阳光化"试点的各类资产证券化与类资产证券化业务可能会在一段时间内并存。随着"阳光化"业务规模的不断上升，以及监管措施的逐渐完善和强化，灰色地带的类资产证券化业务逐步被取代和退出。

在"疏"的方面，在开辟多渠道、市场化运作的规范化、阳光化资产证券化渠道，切实满足金融机构在此方面的业务需求方面，除上文中提出的推进信贷资产证券化的常规化之外，可加大推进银行业金融机构间信贷流转业务的规范化、阳光化。信贷资产证券化市场与信贷流转市场是各具不同特征和优势的两种渠道。欧洲银行业信贷资产转让市场的兴起可以追溯至20世纪80年代。最初交易品种多为交易折价的展期债务和较低信用等级的主权债务，随后逐渐扩大到企业不良贷款。20世纪90年代，随着银行之间的竞争加剧和信贷一级市场的快速繁荣，出于资本、贷款集中度、流动性等方面的压力，商业银行开始以更加积极的姿态针对自身的贷款组合开展主动管理，信贷资产在二级市场交易的需求因此日趋强烈。2012年的信贷资产二级市场交易额约为5000多亿美元，信贷资产流转业务已逐步发展成为欧洲银行业金融机构资产负债组合管理的重要工具之一，已建立起以信贷市场联合会（LMA，Loan Market Association）为核心的行业自律组织架构。

反观我国情况，当前虽然盘活存量的需求巨大，但信贷资产流转的操作仍面临诸多问题和障碍，面临"规范的业务不活跃、活跃的业务缺规范"的问题。一是相关制度建设有待完善。银监会前期针对信贷资产转让业务出台过"102号文"等规范性文件，但在具体操作过程中仍缺乏统一、完整的标准。目前银行之间主要通过场外交易、协商定价方式进行信贷资产转让，在交易结构、交易流程、中间费用、后续管理、会计处理等方面缺乏规范化标准，因此谈判效率较低、交易费用较高。二是交易平台等市场基础设施建设有待规范。近年来，各地金融资产交易所等组织下设的场内交易市场鳞次栉比，但由于缺乏统一的制度支持、市场规则各异、金融机构参与程度有限，无法从根本上解决市场分割、信息不对称、交易成本较高等问题，不仅造成社会资源的浪费，而且长期来看不利于业务的健康有序发展。三是近年来商业银行迫于业务发展和资本管理的需要，监管套利型的信贷资产表外化、附带"隐性回购"等不规范的风险资产转移相继涌现。由于缺乏统一的制度规范和交易场所，相关业务追踪、统计、监管检查的难度较大，不仅对银行业风险监管有效性产生影响，还令社会融资规模管理等宏观调控难度不断增加。

鉴于当前虽然盘活存量的需求巨大，但信贷资产流转的操作仍面临诸多障碍，存在"规范的业务不活跃、活跃的业务缺规范"等问题，应推动银行业信贷资产流转的规范化、阳光化。一是将规范监管与场内市场建设有机结合。在坚持信贷资产"真实、洁净"转让监管原则的同时，对"102号文"的部分要求做出适当调整。突出新的审慎监管要求。为防范道德风险，对出让方留存、受让方最短持有期限、转让双方出入表安排、年度最大转让规模等指标提出新的、必要的监管要求，防止"一放就乱"。二是搭建集中、透明的场内交易平台。"开正道、堵邪道"，为商业银行信用风险管理提供正规途径，同时利用准确、透明的场内市场交易数据，提高市场透明度和信息集中度，建立有效的信贷资产转让现场和非现场监管。三是遵循审慎、简明原则制订交易制度，充分发挥金融市场对信贷资源的配置功能。要制订市场准入、交易结构、交易机制、交易后续管理、信息披露、监督管理等方面的统一标准，建立交易市场自律和处罚的制度规范，解决信息不对称、不透明问题。同时，也应给市场参与主体留出差异化空间，允许其根据自身的风险偏好、管理能力、赢利模式等特点，在一定范围内设置个性化交易条款，使信贷资产交易实现规范化和可持续化发展。

（三）构建信贷资产证券化业务行之有效的监管框架

发达国家近几十年来资产证券化市场的大量经验和教训，为我国搭建自身的监管框架提供了很多可供借鉴的思路，尤其是国际金融危机爆发后各国的监管反思，使我国在市场发展之初，就可以提前规划和预防，防范风险薄弱环节带来的潜在风险。在资产证券化资本计提、风险留存、信息披露、发起机构约束等方面，我国的监管规则都已经引入了危机后资产证券化改革的新思路，或者正在密切跟踪国际监管改革的做法，寻求中国的落地。这些已经较为成熟或已有共识的做法，本文不再一一详述。值得关注的是，针对现阶段我国金融体系的结构特征、转型期间的业务发展特征，以及资产证券化业务试点实践阶段的情况，有必要建立一些有中国特色的、控制风险行之有效的监管框架。

1. 市场化发展的同时设立"有所不为"的负面清单

资产证券化的监管整体应在市场化发展的大原则下进行，尽可能地去审批化和常规化。但与此同时，应结合金融危机的教训，设立潜在风险较大领域的负面清单，在发展初期，尽量不涉及负面清单领域的产品和业务。既能保证金融机构市场化开展业务的需求，亦有效防范风险。这种思路在启动第三批信贷资产证券化试点的国务院常务会议精神中已经明确，如会议明确提到"不搞再证券化"等。建议在以下领域加强准入限制：

交易结构过度复杂的再证券化。作为金融危机中最为显著的教训之一，资产证券化市场系统风险的转折点发生在危机前数年，复杂、不透明、高风险基础资产的证券化产品发行量大幅上升。目前巴塞尔委员会正在讨论的资产证券化监管征求意见稿中，对再证券化产品亦在资本等方面提出了更高的监管要求。鉴于我国市场仍处于初期阶段，因此可以暂不尝试此类产品的发行。

不良贷款证券化。次级住房抵押贷款为基础资产的证券化产品成为金融危机爆发后金融市场中最为脆弱的风险链条，并引发系统性风险。从国际市场看，不良贷款证券化往往需求较为复杂的交易结构，并需要复杂的外部增信，其发展和增长往往有助于增加金融体系的信息不对称和金融机构间的关联性等系统性风险特征。同时，从长期来看，还可能引发发起机构的道德风险，如美国金融市场上的"发起—分销"模式。因此在市场发展初期，可暂不尝试此类产品的发行。

政府融资平台、房地产等重点调控领域的信贷资产证券化。这些领域涉及规模限制，或者在制度层面正在推进改革，因此其基础资产的质量具有一定的不确定性。从宏观审慎角度出发，暂时不宜将其纳入基础资产池。

涉及金融机构交叉担保的外部增信安排。目前我国信用衍生产品市场发展尚不成熟，如完全照搬国外做法在信贷资产证券化产品设计过程中引入外部信用增级安排，一方面加大了市场参与者对产品真实风险的辨识，另一方面风险扩散路径与范围也存在无序蔓延的可能性。因此，从风险防范角度出发，在发展初期应限制外部信用增级安排，避免风险向不具备风险识别与承受能力的市场参与者扩散。

2. 市场化和宏观审慎措施配套实施

"盘活存量"必须与"用好增量"措施同时实施，才能有效防范资产证券化可能产生的信贷加速器效应，增加风险薄弱环节的杠杆。在我国的实践中，解决以上问题的关键点包括以下几个方面。一是监管信贷资产证券化腾出的新增信贷将流向。新一轮资产证券化的政策导向非常明确，"将通过扩大信贷资产证券化项目来指导银行将额外盘活的信贷额度专门用于支持小微企业、'三农'、棚户区改造和基础设施建设等薄弱环节"。因此未来的政策具体细化和操作执行将成为关键。二是严守新发放信贷的风险标准，防范道德风险。从国际教训看，资产证券化可能导致贷款标准的恶化。由于贷款发起人的收益与贷款数量紧密联系，这样的激励机制可能使增加贷款数量而不是保证贷款质量成为贷款人的首要目标。从国内实践看，发起机构往往在证券化过程中扮演着市场主导者的角色，对产品设计、发行、交易、兑付等各个环节具有极强的话语权。因此，从监管角度出发，无论是出于防范道德风险还是推动市场发展的考虑，都应强化对发起机构的管理，限制其市场地位的滥用，规范和推动市场成熟。三是应结合我国实际情况，对发起机构投资自己发起的资产支持证券做出限定。发起机构应与其他投资者共同持有自己发起的产品，特别是应持有高风险级别的次级档证券，避免发起机构完全与基础资产相隔绝的情况，在一定程度上解决发起机构逆向选择将风险高且难以识别的资产进行证券化所引发的道德风险。同时，应限制发起机构的投资上限，既避免其利用资产支持证券与贷款监管方面的差异进行监管套利，也可避免其利用持有规模上的优势通过持有人大会等方式影响或限制其他投资者的决策。

3. 加强市场基础设施的完善和监管

完善的信息披露机制是决定市场有效性的前提，也是实行产品注册制度、吸引更多类型投资者等具体举措的重要基础，因而优化并改善信息披露机制是推动证券化市场发展、控制系统性风险的必然选择。以国际上证券化业务的发展路径与所爆发出的问题来看，证券化业务一旦启动，其创新与发展速度非常迅速，容易导致旧有规则与业务现状的脱节，出现监管滞后的现象，因此在信息披露环节上需要设立一个专业化的、具备较强市场跟踪与创新能力的中介机构，本着"服务市场、服务监管"的原则，对证券化产品的信息披露进行跟踪与管理。这个中介机构可由登记托管机构担任，对证券化市场的发展与创新态势进行持续跟踪与分析，为市场提供信息披露规则设计、信息披露途径、信息统计分析等三方服务。在信息披露规则设计方面，应结合证券化市场与产品的特点，制定合理有效的信息披露要求，设计产品相关信息披露的深度、广度、标准、统计口径、更新频率等各个方面，并在经监管部门批准后向市场参与者发布施行。

强调风险分散功能，控制系统风险。为了充分发挥信贷资产证券化产品分散风险的功用，应积极引入银行业之外的金融机构投资这一品种，改变试点阶段风险在银行体系内互相转移的状况，将银行系统内部的风险向外部舒缓，防范系统性风险的积聚与风险事件的发生。多种类别投资者的介入需要产品与市场的完善和繁荣，以产品的特征吸引多类比风险偏好投资者的参与。因此，应多举并进，一方面完善产品与市场建设，另一方面有针对性地优先选择保险资产管理机构、投资基金、非金融企业等具有较高风险偏好程度、足够风险识别与承受能力的专业投资者参与。可积极探索交易所资产证券化的发展，充分利用交易所在两个方面的突出优势。一是法律制度和监管体制方面的优势。在《证券法》框架下，证券化产品在发行、交易、信息披露等环节的法律和行政责任比较明确，相关监管部门也已具备较为成熟的司法和行政执法体制。二是引入多元化投资者的优势。目前交易所固定收益平台和竞价平台的投资机构种类除银行业金融机构外，还覆盖各类证券投资基金、私募基金、合格个人投资者等，多类非银行机构的参与有利于提高证券化产品的流动性，逐步形成公允市场价值，解决金融危机暴露出的定价难和场外市场价格不透明等问题。

参考文献

黄飙.非金融企业资产证券化有望转为常规业务，潜力即将释放[R].长城证券研究报告，2013-6.

马宁.信贷资产证券化：温和的周期性放松[R].高华证券研究报告，2013-8.

Association for Financial Markets in Europe. Securitisation Data Report Q3[R].2013.

Bank for International Settlements. International Convergence of Capital Measurement and Capital Standards(Basel)[S].2004.

Barclays Bank PLC. The AAA Handbook 2013(London)[M].2013.

International Monetary Fund. Restarting Securitization Markets: Policy Proposals and Pitfalls [R]. Chapter 2 in Global Financial Stability Report, World Economic and Financial Surveys，2009.

Miguel Segoviano, Bradley Jones. Securitization: Lessons Learned and the Road Ahead[R]. IMF working paper，2013.

Moody′s. Default & Loss Rates of Structured Finance Securities: 1993－2011[R] Special Report，2012.

Research on Credit Assets Securitization Pilot in China and Policy Implications

LIU Lina

(China Banking Regulatory Commission)

Abstract: Compared to the developed countries, Chinese securitization pilot reveals many specific features. Based on high-quality corporate loans, the pass-through securitization with simple and transparent structures is the common mode, which is prudent and highly standardized. However, this mode is also less market-oriented and lack of incentive from the participants. Recently, the "quasi-securitization" beyond the legal framework grows rapidly, which reflects the potential problems on the operation of current pilot. Given the global experiences and lessons, credit assets securitization in China should gradually turn into a regular business for commercial banks. From the regulatory perspective, a sound and effective regulatory framework should be built up.

Keywords: Asset Securitization, Pilot Practice, Policy Suggestion

开发性金融的理论逻辑[*]

◎ 瞿 强 王 磊

摘要： 本文总结了我国开发性金融的实践，并从制度供给和需求这一角度解释了开发性金融的内在理论逻辑：我国处于转型之中的经济制度尤其是产权制度，决定了相较于发达国家，我国政府承担了更多的经济职能，由此形成了介于"市场和政府"之间的业务，成为开发性金融的需求；国家开发银行利用政府的组织优势、我国的高储蓄率和地方政府竞争制度，进行了一些基于市场的金融创新，成为开发性金融的主要供给者。从这一理论逻辑出发，并借鉴国际政策性金融的经验，本文进一步探讨开发性金融未来的发展趋势、业务边界和监管改革。

关键词： 开发性金融 政策性银行 城镇化 基础设施融资

自1998年国家开发银行实现市场化改革以来，业务范围不断扩大，资产规模不断快速增长，与此同时，资产收益率和股本收益率等主要财务指标持续上升，不良率显著下降。为与市场化改革之前的政策性金融相区别，国家开发银行将改革之后的业务称为开发性金融。近年来，伴随着国家开发银行

作者瞿强系中国人民大学财政金融学院教授；王磊系厦门大学经济学院博士后。

* 本文为国家开发银行委托、中国金融四十人论坛（CF40）立项的课题"开发性金融的理论逻辑"的部分成果。作者感谢在课题评审过程中，主要评委李扬、谢平、袁力、郭濂，以及阎庆民、贾康、钟伟、张承惠、高善文等人的批评和建议。

"市场化"改革的尝试，以及开发性金融业务边界的不断扩大，也引起了来自商业银行界及一些学者议论和质疑。2013年11月下旬中国共产党十八届三中全会《中央关于全面深化改革若干重大问题的决定》中，明确提出政策性金融机构改革，并提出市场要在资源配置中起决定性的作用。在新的环境下，开发性金融将何去何从？我们认为，要回答这个问题，需要将开发性金融过去十几年的业务活动放在整个经济金融改革的大背景下进行，分析其成功的经验、所需的条件以及存在的问题，并在经济学的理论框架内，总结其内在逻辑，然后才能判断这样一个理论逻辑，在新的环境下是否依然适用。

本文首先总结我国开发性金融的实践经验，并从制度供给和需求这一角度解释开发性金融的内在理论逻辑、分析开发性金融的历史背景、现实作用和比较优势。然后借鉴国际政策性金融的经验，探讨开发性金融未来的发展趋势、业务边界和监管改革。

一、开发性金融的核心特点

1998年之前，国家开发银行作为一家传统的"政策性"银行，运作模式可以形象地概括为"计委挖坑，开行种树"，其本质作用仍然具有很强的财政属性。

1998年，陈元对国家开发银行进行改革，将商业银行的经营手段引入国家开发银行的日常运营。这包括对项目的甄别和筛选（有别于直接听命于计委），以及对项目风险的评估、资金的回收、风险的控制等。这一模式首先被应用于开行的传统项目，此后，以"银政合作"的名义，推广到更为广泛的公共支出领域和国有企业融资。国家开发银行在探索"银证"合作中所独创的地方政府融资平台，在2008年推出4万亿元经济刺激计划之时，被推广开来，几乎所有的地方政府与商业银行都参与其中，成为城镇化的主要资金来源。

根据国家开发银行的实践，本文认为，中国开发性金融（Development Finance）是由国家开发银行独创的介于政策性金融（Policy-based Finance）

与商业性金融（Commercial Cinance）之间的金融制度。它的核心特点是用商业银行的市场手段完成传统政策性金融的目标，并将这一模式扩展到更为广泛的公共支出领域。它有三个特点：

（1）开发性金融的资金来源为以政府信用为背书的债券，因此融资成本低。

（2）开发性金融的运行方式为市场化运作，即和商业银行的运作方式类似，遵守市场规则，在控制风险的同时，尽可能追求盈利。这一方式首先被运用于传统的政策性金融领域。

（3）通过"银政合作"等方式，将这一市场化模式推广到更为广泛的公共支出领域。从此，和国家开发银行有业务联系的政府支出，部分地受到了市场规则的约束。不仅如此，凡是国家开发银行业务涉及的领域，如对重点行业（一般是国有企业）产业升级的融资、我国企业走出国门经营一些战略性行业（能源、矿产等）、我国政府大力扶持的新兴产业（如光伏产业）等的支持，都使对应的主体受到了市场规则的制约。

第一个特点并非中国的开发性金融独有，所有的政策性金融都是以政府信用为依托的。开发性金融的第二个特点也并非中国的开发性金融独有，几乎所有发达国家的政策性金融均采用市场运作方式。开发性金融的核心特点是第三个特点。

一般而言，发达国家的政策性金融，都是为了弥补金融商业金融的不足。凡是市场可以运作的地方，政策性金融均不介入。政策性的运作领域也仅限于农业、低收入者住宅、中小企业，以用来弥补地区经济的发展差距，更多地体现收入平均原则。但由于发达国家市场制度的发达，为便于监督和提高效率，即使是政策性金融，也采用了市场化的运作制度。

而发达国家的公共支出领域主要是由政府财政负担的，由政府通过税收或者政府债券融资，开发性金融并不会介入。

在其他发展中国家，虽然政策性金融也被运用到公共支出领域，但采取的是传统的政策性金融模式，没有引入市场化运作模式。

一般来说（有例外情形），发达国家的政策性金融运用了市场化的手段，但其业务范围局限于传统的政策性金融领域。而发展中国家的政策性金融，一般被称为开发性金融，其业务范围较多地介入公共支出领域，但一般不采用市场化的手段。将市场化的手段运用于广泛的公共支出领域，是我国开发性金融的独创。

二、开发性金融制度的需求与供给

从前述开发性金融的核心特点可以看出，开发性金融是在政府（公共品）和市场（商业金融）之间运作。政府和市场之间巨大的资金缺口，来自我国的目前的制度安排，这就是开发性金融的制度需求。

概括而言，我国目前的制度安排决定了政府的职能范围要远远超过单纯的公共品的提供。在发达国家完全由市场来提供的产品和服务，在我国，由于制度的安排，其中不少产品和服务，尤其是涉及土地的产品和服务，由政府或者政府控股的国有企业来提供，具备比较优势。这就是"政府和市场之间"的业务。这些业务因此具有了较强的正外部性，具备长期赢利的可能性，因此可以以市场手段经营，而传统的各种融资方式均不能完全满足这部分业务的需求，这形成了对开发性金融的需求。虽然借贷的主体是权力很大又很难监管的地方政府，但由于我国的地方竞争制度，地方政府也愿意接受市场规则的制约，这促成了开发性金融的供给。由于投资巨大且周期很长，以及商业银行体系不发达、监管制度安排等原因，在国家开发性银行开创的"地方性融资平台"于2008年推广之前，商业金融一般不愿主动介入"政府与市场"之间的业务，这些业务的资金基本由国家开发银行来提供。

具体而言，中国的产权制度，尤其是土地产权制度，决定了政府拥有很多的经济资产，并实质上拥有全部的土地。作为大量经济资产的拥有者，必然需要经营资产以进行生产、保值、增值，以最大化资产的收益，也就是政府的收益。这一方面决定了政府拥有更多的经济职能，其角色已经不仅仅是公共品提供者，也是经济活动的主要参与人之一，是经济主体（Economic

Agents）的重要组成部分。另一方面，作为资产尤其是土地的实质拥有者，加以政府本身的组织优势，在处理某些经济业务，尤其是与土地相关的经济业务时，政府具备比较优势。因此，相对仅仅提供公共产品政府的支出会高很多，因为资产的经营需要有资金支持。考虑到中国的日常经济决策，尤其是牵涉到土地的经济决策，主要集中在地方政府手中，这意味着地方政府的支出会很高。

由于我国的产权制度，政府在处理不少经济项目上，尤其是牵涉到土地的经济项目上，具有交易成本更低的比较优势。这决定了我国的政府支出是较高的。这是因为：

首先，我国的基础设施缺失，如公路设施、教育、环境保护等。这些基础设施的短缺，已经制约了我国经济的发展。换言之，这些基础设施的提供，具有很强的正外部效应（Positive External Effects），可以使私人部门的其他经济活动获得额外收益。在原则上，这些设施可以由私人部门提供而加以收费，也可以由政府提供而免费或者加以收费。但如下文将要解释的是，由政府提供具备比较优势。

其次，我国的土地产权制度。我国的土地产权结构决定了政府作为土地的所有者，在解决与土地相关的问题上，会比私人部门的交易成本低。

再次，我国的审批制度。我国在对土地相关的经济发展项目上，审批非常烦琐，这与土地的所有制有关。典型的情况如，18万亩的耕地红线、土地用途（商业用地、工业用地等）的严格审批等。

最后，我国的官员政绩的考核机制使得地方政府有动力尽可能地扩张政府支出。GDP是我国官方衡量经济发展水平和官员政绩的最重要指标。各地纷纷通过扩大财政预算规模、加大投资力度等方式增加支出以做大GDP。

这些制度安排决定了我国政府部门的职能比发达国家要多，且政府部门在基础设施提供上以及解决与土地相关的问题上，会比私人部门的交易成本低。这就决定了政府会在更广泛的领域支出，而不仅仅局限于一般的公共支出领域。

这些支出的融资途径只有四个：征税、发债和金融体系融资（贷款）、印钞票。征税有上限，并对经济运行有扭曲作用且容易招致反对。我国处于转型的事实和产权现状，又决定了金融体系不发达，在国家开发银行创新"银政合作"平台和国有银行市场化改革之前，无法满足政府的融资需求。而我国的《预算法》规定地方政府不能发债。超发货币会带来严重的通货膨胀和引发金融危机的风险。

在既有的融资渠道无法满足政府尤其是地方政府支出需求的情况下，需要有一种新的融资体系，来满足政府尤其是地方政府的资金需求，这就是对开发性金融的需求。

再来看使开发性金融供给成为可能的条件：

其一，我国近20年来平均高达40%的储蓄率，为开发性金融的低成本融资提供了资金条件。

其二，地区竞争制度使地方政府愿意接受市场规则的制约。如果一个地方政府违约，将很难得到国家开发银行进一步的资金支持，从而未来发展受限，官员受到提拔的概率变小。遵守市场规则，将最具盈利的项目与国家开发银行合作，按时还本付息，成为处于竞争下的地方政府的最优选择。不仅如此，如果由政府直接投资来经营这些处于"政府与市场之间"的项目，由于其效率低下，不可能有效地提供公共产品，这会进一步影响当地的GDP，从而影响官员的提拔。而遵守市场规则，生产的效率提高，GDP增加，提拔的可能性增加。总结而言，地区竞争制度使地方政府愿意接受市场规则的制约。这是一个"可重复"，因而有约束的博弈机制。

其三，国家开发银行的制度创新。以"银政合作"的办法，各地纷纷成立城投公司，用土地和建筑物为抵押物来从国家开发银行贷款，既降低了国家开发银行贷款的风险，也使地方政府有动机选择最高回报率的项目来建设，提高了资金利用效率。

上述论述可以概括在图1中。

在商业银行进入地方性融资平台（2008年）之前，开发性金融主要是通过国家开发银行来实现的。而在2008年之后，首先由于国有商业银行的股份

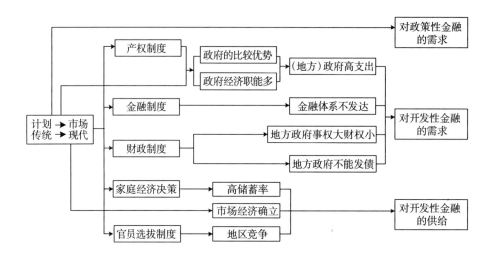

图1　开发性金融制度的供给与需求

制改革成功，且为配合应对金融危机的一揽子经济刺激方案而进行的政策变动，商业银行进入地方性融资平台，在开发性金融中也发挥了重要的作用。以2010年为例，工、农、中、建四大国有控股银行在地方性融资平台上的资产总额共计33989亿元，是国家开发银行2010年资产总量的60%以上。

图2　政府与市场之间

上述对开发性金融的需求和供给分析，可以具象地总结在图2中。图2显示的是一个经济中投资加政府支出的总和。私人投资可以由商业金融（市场）满足，纯公共品支出可以由政府支出提供（政府）。而那些具备正外部性，且由政府处理具备成本上的比较优势的部分，则由开发性金融提供；那些政府需要利用金融手段进行扶植或者补贴的行业，则由政策性金融提供。二者合起来就构成了陈元所说的"政府与市场之间"的广阔空间。

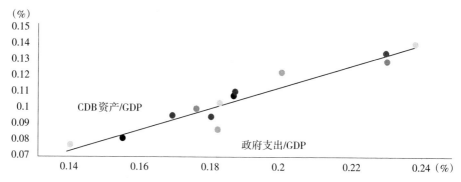

图3　政府支出与国家开发银行资产的相关性
资料来源：中国统计年鉴和国家开发银行年报。

上述的分析稍加延伸，就能得出一个可验证的假说：政府支出和国家开发银行的资产是强烈正相关的。图3证实了这一个假说。

三、作为制度创新的开发性金融

虽然经济制度决定了我国存在对开发性金融的巨大需求并具备了供给开发性金融的条件，但开发性金融的供给是由国家开发银行利用了这些条件，并进行了一系列的制度创新才最终实现的。这些制度创新包括：

（一）化解地方政府财权事权的错配，内生化经济快速增长阶段基础设施建设的正外部性

当一个经济起点很低的国家处于快速增长的追赶阶段时，由于基础设施的缺失，基础设施的提供具有很强的正外部性。但如我们在前面所分析的那样，虽然各地的基础设施缺失，建设基础设施具有很强的正外部性，但我国目前的财政制度决定了地方政府的财权和事权不匹配，金融制度决定了商业金融不能完全满足地方政府基础设施建设的资金需要，因此，基础设施的融资渠道不畅。而开发性金融则通过其独创的地方政府融资平台，化解了地方政府财权事权的错配。由于地方政府官员的选拔和地方政

府的收入都基于当地 GDP，因此，这一融资平台也内生化了基础设施的正外部性。

（二）充分利用市场手段，规划先行，获得信息优势

开发性金融是利用市场的手段，完成传统政策性金融的目标，并通过"银政合作"的方式将这一模式推广到更为广泛的公共支出领域。国家开发银行是国内银行中第一个将资产负债表、利润表和现金流量表引进银行财务管理的银行，比其他商业银行还要早。通过 1998 年以来的多次市场化改革，目前国家开发银行已经基本形成了完整的市场化手段，用于筛选项目、控制风险、分散风险。

而要将市场化的手段与国家开发银行的目标（"一体两翼"）结合起来，就需要规划先行。

（三）利用政府的组织优势，组织增信，建设信用市场

我国的政府机构不仅控制大量的经济资源，还由于其组织的深度、广度和强度，对经济中其他主体均有一定的影响能力，并掌握着经济主体的大量经济信息，构成了地方政府的组织优势。在目前的政治制度安排下，首先，这种组织优势比发达国家的政府要大得多，其次，这种组织优势并非一般的市场主体能够利用。而国家开发银行则充分利用了政府的组织优势，进行组织增信（亦即政府加持征信），建设了信用市场。

（四）利用监管差异而进行的金融产品创新

我国的金融体系受到了非常严格的金融监管，其中有不少金融监管指标属于典型的计划经济时代残余。严格的金融监管不见得为中国带来更稳定的金融体系（因为存在很强的道德风险，银行反而更倾向于借贷给更危险的项目，从而形成很大的最终由国家埋单的坏账），反而增加了交易成本，有可能降低将储蓄转化为投资的效率。

由于各种历史原因，我国对开发性金融的监管一直处于很模糊和探索的

阶段，这反而给予了国家开发银行一定的空间去探索创新商业银行所不能涉足的金融产品。国家开发银行在中介业务、债券市场、外汇期货市场的金融产品创新以及推动 Shibor 基准利率建设上，都走在商业银行的前面。典型的例子是资产证券化。

(五) 期限匹配溢价与规模经济

相比于一般的商业融资，基础设施建设融资有两个最重要的特点：规模大、期限长。规模大意味着如果不能利用其规模经济的优势，由于边际成本递增，提供融资的成本会增加。期限长则意味着如果资金来源以中短期资金为主，流动性风险会很大。商业金融以短期负债为主使其不可能在长期资产上投资过多，而开发性金融资产负债的期限匹配溢价使得开发性金融在提供中长期贷款上具备比较优势。开发性金融利用政府组织优势形成的规模经济，则使开发性金融可以通过打包贷款等形式，形成规模经济。

四、政策性金融国际发展趋势

进入20世纪90年代以来，在实践上，多国的政策性金融开始了大幅度的改革。改革主要有两个趋势：市场化和边界收缩。尚未改革的国家，如菲律宾、印度，政策性金融坏账率极高，运行效率低下，处于破产的边缘。在理论界，20世纪90年代初的学术界对政策性金融以肯定的声音为主，但自20世纪90年代中期以来，尤其是金融危机以来，质疑的声音日渐增多。

日韩两国的政策性金融都曾经规模庞大且被认为在日韩经济起飞阶段都起了积极促进的作用。但从20世纪90年代开始，日韩不约而同地对政策性金融进行市场化改革，并将不少政策性金融机构关闭或者股份化之后出售，典型的如日本邮政储蓄的改革。

美国的政策性金融本来就不多，而一般认为，2008年金融危机的祸根之一就是政策性金融机构房地美、房利美过于宽松的房贷政策。金融危机之后，房地美、房利美被美国政府全资收购，并最终在2013年决定将二者逐步关闭。

菲律宾、印度等国的政策性金融未能实现市场化改革，都受困于高坏账率的困扰，资金无法回收，而政府又没有能力进一步大规模注资，几乎难以为继。

近年来国际上对政策性金融的争议，源自对政策性金融可能带来的益处与其可能带来的效率损失哪一个更大的评估差异。如前所述，开发性金融机构在开发性金融的供给上，相对商业金融，具备成本上的比较优势。然而政策性金融机构都一般是国有独资且国营的，天生的不具备有效率的公司治理结构。为了增强政策性金融的效率，对政策性金融的供给必然附带有更多的监管。而监管的增多，又不可避免地会降低政策性金融机构的效率，且监管本身也是成本昂贵的。对政策性金融的供给，于是取决于政策性金融可能带来的益处，以及其在供给过程中由于更多监管和管制对市场的压抑而造成的效率损失之间的权衡（Trade-off）。这是近年来对政策性金融争议的核心所在。

基于国家开发银行的业绩，我们认为，迄今为止我国的开发性金融带来的益处高于造成的效率损失。

五、开发性金融的边界与合成谬误

中国共产党的十八届三中全会明确了未来市场化的改革方向，再考虑到中国经济与金融中长期的转型与发展特征，我们认为，开发性金融过往成功的客观情况会有所变化，对其未来发展将产生影响。

第一，考虑到中国目前以及未来一个相当长的时期仍将处于工业化过程，城镇化进程方兴未艾，城市基础设施还需要大量投资与开发，相关领域仍将保持自然垄断和较高投资回报，因此开发新金融在这些领域的基本业务还是能够维持与发展的。此外，未来虽然强调市场在资源配置中起"决定性"作用，但是辩证地看，越是市场发达的地方，市场的失灵也越大，从而越需要政策性金融机构予以补充，例如，大量的民生事业、生态与环境保护、跨周期经济调节等。换言之，在未来中国经济发展中，"开发"本身就是最大的"政策"之一，以服务国家"开发"战略为宗旨的开发性金融必然存在持续发展的空间。

第二，在上述前提下，开发性金融模式中迄今运作良好的与各级政府的互动合作关系，也会得以延续。这是由本报告所分析的在中国经济增长模式中，开发性金融的供需特征决定的。

第三，开发性金融在持续发展过程中，也会遇到较多的约束条件，主要是资金来源规模的稳定性和资金成本的不确定性风险，以及业务扩张带来的持续的资本补充压力。随着中国金融体系市场化改革的深化，金融体系的竞争加剧，商业银行、资本市场都会逐步进入以前开发性金融具有特殊优势的领域，利率市场化的推进，会从整体上推高利率水平，国家对国家开发银行既有的"深化商业化改革"策略，使融资成本中"国家主权"债信，无论从理论逻辑还是政策实践看，都有不确定性。这一关键问题的解决，取决于开发性金融未来更明确的市场战略定位和业务边界区分。

根据前面对开发性金融制度供给与需求的分析，可以推导出确立开发性金融边界的若干原则。

原则一：与商业金融错位经营，商业银行与资本市场有意愿有能力愿意经营的业务，开发性金融应适度退出。

开发性金融的需求处于政府与市场之间。凡是商业银行愿意经营的业务，归属于市场，不属于开发性金融的经营范畴。从前面对欧、美、日、韩等发达国家和以菲律宾为代表的发展中国家的政策性金融的介绍可以看出，政策性金融总体上的发展趋势是以市场化的手段为主，且其经营范围逐渐缩小。

原则二：开发性金融应该以基础设施、民生工程及涉及国家战略的海外开发性金融为主营业务。

基础设施和民生工程都属于政府与市场之间的业务。我国政府制订的"走出去"的国家战略，在商业金融不愿意介入的领域（尤其是涉及海外的基础设施投资或者大规模而又期限长的行业投资时），可以由开发性金融经营。

原则三：合成谬误与开发性金融的专营制度。

所谓合成谬误（Fallacy of Composition）指的是，不能因局部的适用性，而推断其在全体依然适用。迄今为止，国家开发银行取得了不俗的成绩，但这是在一系列主客观条件下形成的，其普遍意义有待继续观察。国家开发银行独创的以市场化的方式运作政策性金融，并将这一模式推广到更广泛的公共支出领域的开发性金融，不但在处理传统的政策性金融上具有比较优势，而且在处理具有较强正外部性的公共支出上也具备比较优势。但是这一模式是否具有更大范围的普遍意义，我们持谨慎保留态度。如果商业性的金融机构模仿开发性金融模式，不但会在局部业务上造成过度竞争，影响经济效率和金融稳定，甚至导致整个金融体制的退化，2009年以来出现的"地方融资平台"就是一例。

因此，开发性金融基于国家战略和自身特点所创新的工具、业务模式，可以在一定时间内赋予专营权利，与普通商业金融错位竞争，避免"合成谬误"。

六、开发性金融未来发展模式

近来，关于中国开发性金融未来模式有多种议论，简要介绍与探讨如下：

（一）城市基础设施银行

由于开发性金融的比较优势正在于其利用市场化的手段为基础设施建设提供资金支持，从而可以成为专门的基础设施银行。目前，我国的城镇化呈不断加速之势，对基础设施的需求依然强劲。我国的经济增长虽然有所减缓，但依然处于高速增长阶段。与本文的分析逻辑一致，基础设施的建设仍然具有很强的正外部性。国家开发银行从而可以运用开发性金融的手段来支持基础设施的提升，成为基础设施银行。

近年来，为促进新型城镇化，有研究者建议国家成立专门的基础设施银行。但考虑到如下因素，我们以为，由国家开发银行作为基础设施银行或许是更优的选择：

（1）公共品的提供具有规模经济优势。提供的公共品数量越多，成本越低。成立专门的基础设施银行，在业务上与国家开发银行有重叠，从而会削减规模经济。

（2）国家开发银行从事基础设施投资多年，积累大量的信用记录、客户资源、专业人才。如果专门成立基础设施银行，人才储备需要重新建设（这需要时间）或者从国家开发银行引入（此消彼长，并非帕累托改进）。

（二）住宅金融机构

其样板自然是美国的房地美（Freddie Mac）和房利美（Fannie Mae），即专门为中下收入阶层提供长期的优惠房地产贷款。

这和我国的两个现实状况相关：一是快速的城镇化，新的城镇居民需要住房；二是我国的贫富分化加大。国家开发银行成为专门的居民住宅金融机构，可以部分解决上述两个问题。但是，这涉及既有银行的基本战略转型和业务调整，会有巨大的转型成本。

（三）民生事业银行

正如我们在第二部分所讨论的，我国经济快速发展，面临两个重大的负外部性没有能够内部化：环境恶化和贫富分化。

开发银行结合政府的组织优势，已经在民生事业上做出了许多有益的探索，使得民生业务成为其"一体两翼"中的一翼，这些经验可以进一步推广，并探索新的领域和新的金融模式，为解决我国的环境问题和贫富分化提供资金支持。

上述多种模式并非是互相排斥的，完全可以在最初的阶段兼营。当我国的基础设施建设基本完成的时候，国家开发银行就可以成为居民住宅机构和民生事业银行；当城镇化已经基本完成的时候，国家开发银行甚至可以专门成为民生事业银行。

总之，考虑到城镇基础设施、住宅、民生事业都具有很强的政策特征和公共产品的自然垄断特征，设立过多、分散的机构强化竞争性供应，从理论和实践上看，这未必是最优的解决方法。我国以开发银行为主体的既有政策性金融体系，总体上可以胜任这些任务，当然，前提是后者也需要随着环境的变化对自身的市场定位、业务边界做出调整，国家对其管理、监督和考核机制等方面也需要进一步明确、强化和调整。

七、开发性金融的差异化监管

根据银行的监管目标及监管内容的演进，银行监管理论大致可以分为三个发展阶段：20世纪30年代前的"自律型监管"阶段、20世纪30~70年代的"管制型监管"阶段和20世纪70年代以来的"效率型监管"阶段，目前理论界关注的"差异化监管"实际上是效率型监管的发展。国家开发银行由于任务定位、资产负债特征不同于普通商业银行，其监管也不能简单套用普通商业银行的标准。

（一）加快推进对国家开发银行监管的立法进程，将监管纳入法制化轨道

法律法规对一国金融体系的形成、完善及良好运转起到重要作用。但目前，我国专门针对国家开发银行的法律法规尚处于缺失状态，在一定程度上降低了监管效率。国家开发银行作为特殊的金融机构，在对其监管的过程中首先要加强法律法规的建设。

（二）建立国家开发银行的差异化监管标准

差异化监管不仅体现多元化的监管思维，强调多元化目标管理，而且是效率型监管的具体体现，强调监管的效率性。差异化监管要求在制订监管政策时纳入经济、环境、市场主体等差异性因素，从而实现管理与政策实施的深度传导，是一种主动型的精细化监管措施。我国银行业的差异化发展需要差异化监管措施的配合，而国家开发银行特殊的定位、融资渠道、业务类型、赢利能力等特征与传统商业银行的区别很大，对差异化监管提出了需求。

现在的国家开发银行兼具政策性金融和商业性金融两大功能。一方面，要支持国家重点产业及项目的建设，缓解经济社会发展的瓶颈和薄弱环节。另一方面，要接受《商业银行法》的监管，依法经营、自负盈亏。对国家开

发银行来说，只要其承担政策性业务，就不能纯粹地以自身利益最大化为经营原则，就始终面临社会利益和自身利益的权衡问题，而许多商业银行的监管规定对国家开发银行并不合理、不适用。国家开发银行的业务主要分布于"两基一支"、高新技术等具有战略意义的领域，贷款通常具有数额大、期限长、风险高但收益不确定等特征，而目前银监会要求的商业银行应该满足的单一客户贷款集中度、授信集中度等一系列监管指标并不适用于国家开发银行"大额、集中、长期"的经营模式。另外，国家开发银行的资金来源渠道有别于普通商业银行，在第三版巴塞尔资本协议的框架下，资本充足、流动性等指标的达标难度仍然比较大。但目前专门针对国家开发银行的监管标准几乎还处于空白阶段，这必然影响监管部门监管的持续性和审慎性，降低了监管及预警效率。

（三）成立专门的管理委员会，建立监管机构之间的协调机制

从国际政策性金融机构的普遍规律看，"事前出资""事后补助和救助"者，是监管的主要责任者和参与者。有鉴于此，我们认为可以针对国家开发银行成立专门的管理委员会，并赋予相应权责，对我国政策性金融机构实施专门管理。委员会由财政部领导，成员由人民银行、银监会、汇金公司等相关部委及主要股东构成。建立监管机构之间的协调机制。建立主要监管机构的高层定期会晤制度，并完善监管机构之间的信息交流和共享机制，针对国内金融机构多元化发展和金融创新不断涌现的实际情况，提出在分业监管体制下的有效监管措施。

参考文献

陈元.政府与市场之间：开发性金融的中国探讨[M].北京：中信出版社，2012.

国家开发银行与中国人民大学联合课题组.开发性金融论纲[M].北京：中国人民大学出版社，2006.

科斯，王宁.变革中国：市场经济的中国之路[M].北京：中信出版社，2012.

李志辉，黎维彬.中国开发性金融理论、政策与实践[M].北京：中国金融出版社，2010.

瞿强.经济发展中的政策性金融[M].北京：中国人民大学出版社，1997.

张五常.中国的经济制度[M].北京：中信出版社，2008.

Aghion, Beatriz.Development Banking [J]. Journal of Development Economics, January 1999.

Katao, Kozo.Policy- Based Finance: the Experience of Post- war Japan[R]. The World Bank, 1994.

Luo, Yadong, Qiuzhi Xue, Binjie Han,.How emerging market governments promote outward FDI: Experience from China [J]. Journal or World Business, January 2010.

Swamy, Vighneswara.Financial Development and Inclusive Growth: Impacts of Government Intervention in Prioritized Credit [J]. Zagerb International Review of Economics & Business, No.2, 2010.

A Research on China Development Finance

QU Qiang

(The School of Finance, Renmin University of China)

WANG Lei

(The School of Economics, Xiamen University)

Abstract: This paper summarizes the practices of China's development finance and develops a demand and supply framework of institutions to explain its inherent theoretic logic: China's transforming economic institutions, especially property rights institution determine that China's government takes more economic responsibilities compared with governments of developed countries, leading to business falling between the government and the market, which determines the demand of development finance; China Development Bank exploits the sprawling organization network of China's government, high savings, and competitions within local governments to conduct certain financial innovations and has become the main supplier of development finance in China. Based on this theoretic logic and lessons from international development finance, this paper further studies the trend and boundaries of China's development finance and proposes suggestions on related regulatory reforms.

Keywords: Development Finance, Policy Banks, Urbanization, Infrastructure Financing

《新金融评论》征稿启事

《新金融评论》于2012年10月正式创办,是上海新金融研究院主办的经济金融类学术刊物,致力于发表权威、严谨、高标准的政策研究和基础研究成果,强调学术性和政策性的完美结合。中国金融四十人论坛为本刊提供学术支持。

本刊现面向国内外学者征集稿件,欢迎踊跃投稿。

一、本刊主要栏目:

(1) 专题;

(2) 改革实践;

(3) 金融实务;

(4) 理论前沿;

(5) 宏观经济;

(6) 国际金融。

二、稿件要求:

(1) 主题明确、论证充分、结构严谨、文字精练,富于理论和政策价值。稿件字数在8000—15000字;

(2) 提供300字以内的文章摘要和3—5个关键词,论文摘要应包含:论文所研究的主要问题、得出的基本结论、所使用的主要研究方法以及所提出的主要政策建议;

(3) 提供参考文献,包括著作人、著作(论文)、出版地、出版社(期刊或报纸)、出版年(期刊出版年、期次或报纸出版年月日)、页码,详见GB/T 7714—2005《文后参考文献著录规则》;

(4) 若稿件中含有图、表、数学公式等,请务必保证其中的符号、数字、文字、图线等清晰,并请提供可以编辑的原始数据与图表;

(5) 提供文章标题、作者、所在单位、摘要、关键词的英文译文;

(6) 提供作者详细通讯地址、联系电话、电子邮箱,以便联系;

(7) 作者需严格遵守学术规范,文责自负;

(8) 严禁一稿多投。

本刊不收取任何审稿费、版面费,邀请相关领域专家匿名审稿。

三、投稿方式:

投稿邮箱:cfr@sfi.org.cn

联系电话:021-33023256

地址:上海市黄浦区北京东路280号701室《新金融评论》编辑部

《新金融评论》编辑部

订购《新金融评论》
（2014年1—6期）

单位全称		收件人		电 话	
详细地址				邮 编	
定 价	40.00元/册	订购期数		每期册数	
书 款（大写）	万 仟 佰 拾 元 角 分整				

订购办法

① 请订购单位工整、详细填写征订单各栏；

② 请务必将征订单传真或发电子邮件给出版社（010-59367080，caojiling@ssap.cn），以便查对书款，并按征订单地址及时发书；

③ 请将书款汇至以下账户，收到书款后开具正式发票并用挂号信邮寄给订购单位。

户 名：社会科学文献出版社

开 户 行：中国工商银行北京北太平庄支行

账 号：0200010019200365434

联 系 人：曹继玲 电话：010-59367070 传真010-59367080

地 址：北京市西城区北三环中路甲29号院3号楼华龙大厦A座1310室
社会科学文献出版社发行部读者服务中心

邮 编：100029